Andreas Herrmann

Entdecke dein geistliches Potenzial

Der Weg zu mehr Vollmacht und Frucht

Verlag Gottfried Bernard
Solingen

Widmung

Jedes meiner Bücher hat einen Preis, den nicht nur ich als Autor bezahlt habe, sondern den auch meine Familie mit bezahlt hat. Deshalb möchte ich auch dieses Buch meiner lieben Frau Sabine und meinen beiden Töchtern Janina und Mirjana widmen.

Danke für alle Geduld und Liebe, die ihr mit mir und dem Dienst hattet und habt, in den Gott uns gestellt hat.

Ich liebe euch für immer und ewig.

Heidstr. 2a
42719 Solingen
Email: Verlag.GottfriedBernard@gmx.de

Satz: Satz & Medien Wieser, Stolberg
Grafik: Thomas und Manuela Sommerer, type + print, Nürnberg
Druck: Schönbach Druck, Erzhausen

Alle verwendeten Bibelzitate wurden mit freundlicher Genehmigung der Elberfelder Bibelübersetzung (revidierte Fassung von 1985) entnommen

ISBN 3-934771-33-5
Best.-Nr. 175733

Dieser sowie alle weiteren Titel aus dem Verlag Gottfried Bernard sind erhältlich bei:
Gerth Medien GmbH
D-35607 Asslar

Inhalt

Vorwort

Dieses Buch, das du hier in den Händen hältst, ist die schriftliche Zusammenfassung zweier Predigten. Überall, wo ich sie hielt, lösten sie eine nachhaltige Reaktion beim Publikum aus. Etliche Personen sprachen mich an und sagten: „Das wird doch hoffentlich dein nächstes Buch sein?! Bitte bring den Stoff in Buchform raus." Dieser Bitte konnte ich nun Dank der guten Hilfe fleißiger Helfer nachkommen, die mit dem Predigtmaterial den Computer fütterten, den Inhalt überarbeiteten und mit mir durchreflektierten. Aus diesem Grund ist der Stil der freien Rede weitestgehend erhalten geblieben.

Unter einer Autobahnbrücke auf der A 66 steht ein interessanter Satz: „Sie stehen nicht im Stau, Sie sind der Stau." Von einer Grundannahme bin ich zutiefst überzeugt: Der Heilige Geist sowie die göttlichen Segnungen stecken auf ihrer göttlichen Reise zu uns gewiss nicht im Stau. Die Staubehebung muss bei uns stattfinden, damit der Segen Gottes zu uns und durch uns in diese Welt fließen kann. Betrachten wir uns den geistlichen Stau der meisten Christen mal etwas näher, so stellen wir fest: Sie haben ein wenig geistliches Leben, jedoch nicht die Fülle Seines Lebens. Sie haben ein wenig Kraft, aber nicht Seine versprochene überschwängliche Kraft. Sie wenden den Namen Jesus an, aber sehen nicht die verheißenen Erfolge, die uns im Namen Jesu gegeben sind. Sie beten ein wenig, aber haben nicht allzu viel Gebetserhörungen.

„Was ist das Geheimnis in deinem Heilungsdienst?", das ist eine Frage, die mir sehr häufig gestellt wird. Auch wenn dieses Buch kein Buch über die Salbung und den Heilungsdienst ist, so zeigt es doch auf sehr gründliche Weise das Fundament für ein vollmächtiges Leben in Christus auf, dem ich mich gestellt habe. Die gute Nachricht für ein staufreies Leben finden wir in Epheser 1, Vers 3: „Gepriesen sei der Gott und Vater unseres Herrn Jesus Christus! Er hat uns gesegnet mit jeder geistlichen Segnung in der Himmelswelt in Christus, ..."

Dieses Buch zeigt uns, wie wir uns diese Segnungen staufrei aneignen können, wie Gottes Fähigkeiten unsere werden können, und wie wir uns Seine Vollmacht und Liebesnatur erobern können und obendrein noch Seinen Frieden konkret in unsere verwirrte Seele abrufen und mitten im Alltag spüren können.

Dieses Buch wird dich motivieren, aus deiner fleischlichen Natur auszubrechen, um mit deiner geistlichen Natur durchzubrechen. Aus der Seele wie aus dem Fleisch zu leben bedeutet nämlich, aus der eigenen Kraft zu leben. Aus dem Geist zu leben bedeutet, aus Seiner Kraft zu leben. Es ist unschwer zu erkennen, das Potenzial deiner geistlichen Größe hängt von der Entwicklung deines Geisteslebens ab. Die Entwicklung deiner geistlichen Natur befähigt dich in Christus, Großartiges zu vollbringen. Sie ist mit himmlischen Energien und Ressourcen verbunden, die uns helfen, die Erfolge Jesu zu wiederholen (die gleichen Werke zu tun wie Er.) Je größer die Geistesentwicklung ist, die wir durchlaufen, um so größer ist das Echo Seiner Herrlichkeit, das wir erzeugen dürfen. Hierzu soll dieses Buch dienen.

Mitten in der Nacht wurde ich wach. Ich war in jenem Dämmerzustand zwischen Wachen und Traum und merkte verblüfft, dass ich in meinem Traum predigte. Ich hörte mir zu – ich predigte über ein Thema, über das ich noch nie gepredigt hatte. Ich hörte mich in meinem Traum sagen „Leute, wir werden von unserer fleischlichen Seele betrogen." Plötzlich war ich ganz wach – auf dem Wecker sah ich, dass es eben gerade vier Uhr früh war. Aufgewühlt ging ich an meinen Schreibtisch und versuchte festzuhalten, was ich da für eine Predigt geträumt hatte. Langsam entstanden auf dem Papier vor mir Gedankenbausteine. Diese lösten bei mir einen Forschungsprozess aus. Überrascht stellte ich fest:

1. Das Konzept, mit dem ich mich befasste, war einfach und einleuchtend.

2. Es liefert die Bausteine für einen neuen Lebensstil, die sich mit einem leicht übersehenen, aber sehr wichtigen Anteil unserer selbst befassen: der Reifung des menschlichen Geistes.
3. Wir werden uns mit dem Potenzial des menschlichen Geistes befassen und zum Schluss mit den positiven Auswirkungen eines gereiften Geistes.

Die Wahrheiten über den „unfairen Vorteil der geistlichen Natur“, wie ich meine Predigten betitelt hatte, sind getestet. Bevor wir uns jedoch mit unserem Geist und der Entwicklung der Dimension des Geisteslebens befassen, müssen wir uns mit der Seele des Menschen auseinandersetzen, da diese den Otto Normalverbraucher und die Gabriele Mustermann in der Regel dominiert.

Die Anatomie

Bevor es praktisch wird, lieber Leser, schulden wir uns eine gründliche Studie der Begriffe, die wir hier oft verwenden werden – Seele und Geist zum Beispiel. Das ist ungefähr so prickelnd wie die Theoriestunden früher in der Fahrschule. Die Praxis war viel spannender. Aber wer von uns hat sich noch nie darüber aufgeregt, dass ein anderer Autofahrer offensichtlich die Theorie geschwänzt hat? Es lohnt sich, sich durch dieses Dickicht ein paar Breschen zu schlagen, weil man dann hinterher klarer sieht.

Vorweg noch eine Bemerkung an meine theologisch interessierten Leser: Es gibt über die Anatomie des Menschen aus biblischer Sicht zwei Auffassungen. Die eine Gruppe der Gelehrten geht davon aus, dass der Mensch aus seinem Körper einerseits und andrerseits aus Seele/Geist besteht. Diese Sichtweise der biblischen Anthropologie nennt man Dichotomie. Die andere Gruppe der Theologen geht davon aus, dass der Mensch aus drei Teilen besteht: aus dem Körper, der Seele und dem Geist. Daher nennt man diese Lehre Trichotomie. Wenn ich in diesem Buch in besonderer Weise die Zusammenhänge und Rivalitäten von Geist, Seele und Körper bespreche, dann möchte ich nicht den Eindruck erwecken, ein Vertreter der Trichotomie zu sein. Wir Menschen bestehen aus zwei Teilen, dem materiellen (Körper) und dem immateriellen (Seele/Geist). Aber die Bibel weist in ihren Aussagen schwerpunktmäßig Seele und Geist unterschiedliche Funktionen oder Aufgabenbereiche zu. Der Geist ist der Mensch im immateriellen Teil, der mit geistlichen Realitäten verwandt ist und befähigt ist, den Heiligen Geist zu empfangen und Gottes Informationen und Kraftwirken aufzunehmen. Die Seele ist des Menschen immaterieller Teil, der mit dem Körper verwandt ist und befähigt, die Verbindung zu ihm und der sichtbaren Welt wahrzunehmen.

Die menschliche Seele

Die Seele ist das, was dich und mich als unverwechselbare Originale nach außen hin wirken lässt. Unsere Seele hat drei Möglichkeiten, sich auszudrücken: Sie kann wollen, sie kann fühlen, sie kann denken und reflektieren.

Der Verstand ist unsere Denkfabrik, die Gott uns für die Gestaltung und Bewältigung unseres Lebensweges mitgab. Mit unserem Verstand verarbeiten wir in der Form rationalen Verstehens alle Sinneserkenntnisse.

Wir reagieren auf alles auch mit unserem Gefühl. Den ganzen lieben langen Tag lang haben wir Gefühle, die eine Vielfalt von Ausdrucksformen annehmen können. Wir alle kennen Freude, Zorn, Trauer, Glück, Ekel, Vorfreude, Aggression, Annahme, Reue oder Überraschung – um mal einige Gefühle zu nennen. Die ganze Palette der menschlichen Gefühle ist bunt und vielfältig.

Die Emotion begleitet uns den ganzen Tag lang, wobei sie eine Vielfalt von Ausdrucksformen annehmen kann. Empfindungen, Stimmungsbilder können positiver oder negativer Natur sein. Übersteigerte negative Emotionen können zum Beispiel explosionsartige Zorn- und Wutausbrüche sein, panische Angst, unangemessene Eifersucht, Hass.

Positive Emotionen sind Anteilnahme, Empathie, Frieden, Dankbarkeit und Liebe. Die Bibel hat zu Emotionen einiges zu sagen: Sie kennt zum Beispiel Psalm 84,3 „Es sehnt sich, ja, es schmachtet meine Seele nach den Vorhöfen des HERRN, mein Herz und mein Leib, sie jauchzen dem lebendigen Gott <entgegen>."

Der Wille – er ist eine treibende, bewegende Anschubkraft, zum Guten oder zum Bösen. Oft haben wir es mit einer Vermischung zwischen Verstand und dem Willen zu tun, so dass es schwer fällt zu wissen, wo das eine anfängt und das andere aufhört.

Der Wille trifft Entscheidungen, und beim Treffen dieser Entscheidungen orientiert er sich an dem, was er für gut hält. Er wägt oft zwischen zwei Möglichkeiten ab und hat viel mit dem Gewissen des Menschen zu tun. Der Wille eines Menschen, der kein Christ ist, wird besonders stark davon geprägt, welche Werte der Mensch verinnerlicht hat. Wir alle fangen schon als Kinder an zu lernen, was man tut und was man besser lässt. Unsere Eltern, unser Umfeld und unsere Weltanschauung beeinflussen unsere Werte. Diese Werte sind Maßstäbe bei den Entscheidungen, die wir jeden Tag zu treffen haben. Man kann also über das Umfeld und unsere Weltanschauung sagen: Weil sie unsere Werte beeinflussen, beeinflussen sie unseren Willen und damit unsere Entscheidungen.

Durch menschlichen Willen wurde schon viel Gutes bewirkt. Doch kann ein moralisch ungeordneter Wille in Selbstsucht und Selbstverliebtheit krankhaft eskalieren. Ein unkontrollierter Wille kann verheerende Auswirkungen auf das Eheleben, die Freundschaft und das Geschäftsleben haben.

Es gibt Seelen, die entweder mehr rational nach dem Verstand, und andere, die mehr emotional nach dem Gefühl ausgerichtet sind. Die rational ausgeprägte Seele reflektiert, durchdenkt Vorgänge und Inhalte auf ihre Logik hin und zeigt eher wenig Gefühle. Die emotional geprägte Seele kann temperamentvoll impulsiv reagieren, sie wird manchmal von Emotionen mitgerissen und gelegentlich von anderen als unlogisch entlarvt. Bei wieder anderen scheint die Seele einen stabilen Balancezustand zwischen Ratio und Emotio aufzuweisen. Und egal, wie deine Gewichtung aussieht: Gott hat dich so geschaffen. Du bist auch mit deiner Seele ein Ebenbild Gottes. Die Frage ist immer nur die eine: Es kommt darauf an, was man daraus macht.

Die Anatomie unterschiedlicher emotionaler Seelenanteile

Oberhalb des Hirnstammes befindet sich in jeder Hirnhälfte der so genannte Mandelkern. Der Mandelkern dient, wie die jüngste Hirnforschung aufzeigt, der Speicherung emotionaler Erinnerung und der Sinngebung von Emotion. Dass Zuneigung und Leidenschaft vom Mandelkern abhängig sind, zeigt uns das tragische Beispiel eines jungen Mannes, dessen Mandelkerne zur Behandlung seiner Epilepsie entfernt wurden. Die Folgen waren schwerwiegend, denn er verlor jedes Interesse an den Menschen und er erkannte auch seine Mutter nicht mehr. Der Schmerz der Mutter über seine Teilnahmslosigkeit berührte ihn kein bisschen. Er selbst kannte keine Tränen mehr.

Während sich die Mandelkerne an emotionale Empfindungen erinnern, merkt sich der Hippokampus nüchterne Daten und Fakten.

Ob ein Mensch sich nun vorrangig von Mandelkernen oder Hippokampus prägen lässt, bestimmt, ob er tendenziell gefühlsbetont oder eher „vernünftig" reagiert, ist von Geburt aus schon in uns angelegt. Dabei sind die Extreme ungesund: Ein Sklave seiner Leidenschaften und Gefühle zu sein ist genauso krank wie ein gefühlsarmes Verkopftsein. Aus diesem Grund ist ein gesunder Ausgleich zwischen den Hirnregionen vonnöten.

Die Vorherrschaft der Seele über den Geist

Die fleischliche Natur

Bei der seelischen Natur herrscht, dominiert und unterdrückt die Seele den Geist des wiedergeborenen Christen. Der Geist Gottes kann sich in diesem Menschen nicht ausreichend entfalten. Was sind die Folgen davon?

- Die Geistentfaltung ist blockiert.
- Die Tendenz besteht, unabhängig von Gott zu leben und zu entscheiden.
- Die Seele hängt sich mehr an Menschen als an Gott.
- Es fehlen die Fülle und Tiefe Gottes.
- Die Sinneserkenntnis herrscht vor; es gibt keine Offenbarungserkenntnis.

Zu letzterem eine Anmerkung: Die Sinne sind die Türen unseres Gehirns. Was wir riechen, schmecken, fühlen, hören und sehen, wird in unserem Gehirn ausgewertet. Wenn jemand an uns vorübergeht, der frisch geduscht ist, dann riechen wir „sauber“. Wenn wir einen Stein in die Hand nehmen, fühlen wir ihn. Die Sinneserkenntnis sagt uns über einen Stein, dass er hart ist. Über unsere Sinne können wir uns in dieser Welt orientieren. Wir lernen, nicht an heiße Herdplatten zu fassen. Wir lernen, Kaffee erst dann zu trinken, wenn er nicht mehr kocht. Wenn es zu laut wird, halten wir uns die Ohren zu und schützen uns. Wenn es kalt wird, ziehen wir uns wärmer an. Wenn wir einen Apfel sehen, können wir danach greifen. Dann können wir an ihm riechen, um schließlich in ihn zu beißen und den Saft spritzen zu sehen. Wir schmecken den Apfel und genießen ihn. Alle unsere Sinne arbeiten zusammen, damit wir unsere Umwelt verstehen und gut in ihr leben können.

Für die meisten Menschen ist diese Sinneserkenntnis die einzige Form der Erkenntnis, die sie haben. Zu Informationen aus der unsichtbaren Welt Gottes haben sie keinen Zugang. „Ein natürlicher (physikos = seelischer) Mensch aber nimmt nicht an, was des Geistes Gottes ist, denn es ist ihm eine Torheit, und er kann es nicht erkennen, weil es geistlich beurteilt wird“ (1. Korinther 2,14). Gott lässt sich so direkt nicht schmecken, fühlen, hören, riechen und sehen. Und doch gibt

Er dem Christen sich selber zu verstehen. Wir können Ihn erkennen, wenn wir die Ebene reiner Sinneserkenntnis verlassen. Erst dann wird das Abendmahl der Ort, wo wir „schmecken und sehen, wie freundlich Er ist“ (nach Psalm 34,9). Wo diese Ebene des glaubenden Erkennens und Verstehens der Welt fehlt, ist der Mensch von Gott geistlich getrennt. Der fehlende Zugang zu Gott führt zu einer diesseitslastigen Wahrnehmung, die manche Dinge von vornherein ausschließt, wie zum Beispiel Offenbarungserkenntnis. Wenn Gott mir etwas mitteilt, was Er aus Seiner Perspektive weiß, ich aber aus meiner menschlichen Perspektive nicht wissen kann, dann habe ich Offenbarungserkenntnis.

Die obige Grafik hat einen Menschen gezeigt, der von seiner seelischen Natur beherrscht wird. Wenn man diesen Menschen näher betrachtet, stellt man fest: Das geistliche Selbstwertgefühl dieses Menschen sieht nicht besonders gut aus. Ein Mensch, dessen Seele von seinem Fleisch dominiert ist, fühlt sich geistlich minderwertig. Wenn wir bei ihm nach Früchten des Geistes suchen, werden wir höchstwahrscheinlich nicht fündig. Galater 5,18-24 zeigt uns deutlich auf, dass sich Fleisch und Geist gegenseitig ausschließen: Wo Fleisch ist, kann kein Geist sein. Wo Geist ist, kann kein Fleisch sein.

Die seelische Natur ist gekennzeichnet von einer Vorherrschaft der Seele über den Geist. Aus diesem Grunde kann die Seele zu einer Quelle des Unglücklichseins werden, denn oftmals werden wir durch unsere Seele aufs Heftigste betrogen. Unter dem Einfluss einer gefallenen Welt melden sich die verschiedensten Gefühlsregungen:

- Das Einsamkeitsgefühl sagt: „Keiner liebt mich. Ich bin ja so einsam.“ Es übertönt den Geist, der beständig flüstert: „Du bist nicht einsam, denn da ist ja der himmlische Vater, der Sohn, der Heilige Geist, die Wolke unsichtbarer Zeugen, deine Schwiegermutter und viele mehr.“
- Das niedrige Selbstwertgefühl jammert: „Ich bin nichts wert.“ Es gibt dem Geist keinen Raum, der mir sagt, dass ich ein Sohn, eine Tochter Gottes bin, dass ich ein Erbe

Gottes bin, dass ich eine neue Kreatur in Christus geworden bin.

- Ein anderes *Gefühl* vermittelt uns zuweilen Gottesferne: Eines Nachts hatte ich eine wunderbare Zeit der Gemeinschaft mit Gott. Erfüllt von der innigen Begegnung fiel ich innerlich satt wie ein Säugling in den Tiefschlaf. Als ich dann am Morgen erwachte, hatte ich plötzlich das Gefühl der starken Gottesferne. Genau an dieser Stelle musste ich im Geist Herrschaft über mein negatives Stimmungsbild ergreifen. Ich betete: „Mit Dir, Gott, herrsche ich über dieses Gefühl. Du bist immer noch der derselbe wie gestern Abend. Wir machen genau da weiter, wo wir aufgehört haben. Herr, ich danke Dir für Deine wunderbare Gegenwart in meinem Leben." Schon nach kurzem war das negative Stimmungsbild verflogen.
- Das Lustgefühl kann lüstern flüstern: „Meine Hormonschübe stimulieren mich. Dort kommt ein knackiges, wohlproportioniertes Exemplar des anderen Geschlechts. Da mein wiedergeborener Geist mich nicht dominiert, nehme ich meine Chance wahr." Denn der Wille kommt dem Lustgefühl entgegen und sagt: „Des Menschen Wille ist sein Himmelreich." Der Teufel reibt sich die Hände und sagt: „Selig sind, die sich selbst suchen." Schneller, als es einem lieb ist, befindet man sich womöglich in den verhängnisvollen Folgen einer Affäre, die sich nicht nur auf das Beziehungsleben zum geliebten Partner auswirkt, sondern auch in der Beziehung zu Gott.

Ein anderes Mal sagt unser *Wille* im Kaufrausch, ohne dass wir die Kosten überschlagen haben: „Ich brauche das alles jetzt und sofort – I want it all, I want it now."

Ein *Verstand* hört etwas von einem Heilungsgottesdienst in Wiesbaden. Er ist empört: „Wie bitte, Gott soll übernatürlich handeln und mich heilen? Das passt weder in meine Theologie noch in meine Erfahrung noch in mein naturwissenschaftliches Denken."

Halten wir fest: Grundsätzlich wird ein Mensch entweder vom Geist Gottes geleitet oder von seiner fleischlichen Natur, die sich in seiner Seele manifestiert. Ich gehe davon aus, dass neunzig Prozent der Christen mehr in ihrer seelischen als in ihrer geistlichen Natur leben. Als logische Folge ergibt sich: *Wer seine seelische Natur lebt, wird auch von ihr beherrscht.*

Wenn meine unerneuerte, fleischliche Seele meinen Geist dominiert, muss ich sagen:

- Ich habe ein wenig Leben, aber nicht die Fülle Seines Lebens.
- Ich habe ein wenig Kraft, aber ich habe nicht Seine überschwängliche Kraft.
- Ich habe ein wenig Gebet, aber nicht allzu viele Gebetserhörungen.

Man lebt zu sehr aus der fleischlichen Seele heraus, um im Geist zu sein,

- zu stark im eigenen Willen, um nicht unter Seinen Willen zu kommen
- zu stark im eigenen Gefühl, um nicht zu empfinden, was Gott empfindet.
- Die eigene geistliche Identität ist zu sehr in der Zugehörigkeit zu einer christlichen Gruppe begründet, anstelle alleine aus Ihm.
- Man hat zu viel Second-Hand-Offenbarung und keine eigene Gottesoffenbarung.

Man könnte sagen:

- Ich gehe zwar in die Kirche, aber habe keine wirkliche Gotteserfahrung.
- Ich kenne das Wort Gottes, aber nicht den Autoren.

So lebe ich immer nur an der Schwelle zum Segen.

In Römer 7,15 spricht Paulus über den Konflikt seines Lebens: „... denn was ich vollbringe, erkenne ich nicht; denn nicht, was ich will, das tue ich, sondern was ich hasse, das übe ich aus.“ Er probiert, es richtig zu machen, merkt, er schafft es nicht, weil ihn sein fleischlicher Seelenanteil in eine andere Richtung zieht. Hast du auch schon Versprechen gebrochen? „Ich werde es nie wieder tun“, – und dann taten wir es doch. In Römer 8,1 und 2 sagt Paulus dann weiter: „Also <gibt es> jetzt keine Verdammnis für die, die in Christus Jesus sind. Denn das Gesetz des Geistes des Lebens in Christus Jesus hat dich freigemacht von dem Gesetz der Sünde und des Todes.“ „... Denn die, die nach dem Fleisch sind, sinnen auf das, was des Fleisches ist; die aber, die nach dem Geist sind, auf das, was des Geistes ist“ (Vers 5).

Ich möchte das Gesetz des Fleisches, der unerneuerten Seele oder der seelischen Natur mit dem Gesetz der Gravitation vergleichen. Was du hochwirfst, kommt wieder runter. Das ist eine Erfahrungstatsache, die alle Menschen bestätigen können. Das Gravitationsgesetz ist aber nicht das Optimum, denn sonst würden ja die Flugzeuge vom Himmel fallen. Die Flugzeuge überwinden das Gesetz der Schwerkraft mit einem stärkeren Gesetz, dem Gesetz der Aerodynamik. Die Kräfte der Aerodynamik überwinden zeitweise die Gravitationsgesetze. Sie siegen über das Gesetz, das das Flugzeug normalerweise runterzieht. Ein höheres Gesetz also.

Wenn also der Rest der Welt unter dem Gesetz der Sünde und des Todes operiert, wirst du, der du durch Jesus gerettet wurdest, im Gesetz des Geistes leben und nicht fallen, wenn andere fallen. Du kannst also sagen: „Ich stehe unter einem höheren Gesetz.“ Die nach dem Geist sind, sinnen nach den Dingen des Geistes, heißt es in unserem Text. Das heißt, hole dein Leben auf die Seite der Vorherrschaft des Geistes über das Fleisch. Füttere dich mit einer geistlichen Speise. Nicht umsonst heißt es: „Das Wort des Christus wohne reichlich in euch; in aller Weisheit lehrt und ermahnt euch gegenseitig! Mit Psalmen, Lobliedern und geistlichen Liedern singt Gott in euren Herzen in Gnade!“ (Kolosser 3,16). Pack das Wort Gottes in dein Denken, dein Herz, dein Haus, dein Leben, deine Beziehungen. Auf diese Weise arbeitest du an deiner Identitätsbildung am Wort Gottes.

Denn du bist, was du isst. Wenn wir zuviel fleischliche Dinge speisen, konsumieren, futtern, werden die Resultate fleischlich sein. Du bist, was du isst. Wenn du zehn Stunden am Tag Pommes und Hamburger futterst und Cola trinkst, kannst du nicht erwarten, dass du schlank bist. Ich sage nicht, dass du das nicht essen sollst. Aber du kriegst die Quittung für dein Verhalten und musst mit den Konsequenzen leben.

Es geht darum, womit der Geist gefüttert wird. Was du in deinen Geist einpflanzt, das hat einen positiven Einfluss auf die Seele. Galater 5,16: „Ich sage aber: Wandelt im Geist, und ihr werdet die Begierde des Fleisches nicht erfüllen."

Oftmals versuchen wir aus unserer eigenen Seelenkraft unserer Seele das Reich Gottes zu bauen. Mit einer geballten Ladung seelischer Willenskraft probieren wir, Widerstände zu überwinden oder aus dem Weg zu räumen. Mit unserem Verstand wollen wir alles durchkalkulieren, jedoch bleibt der geistliche Erfolg oftmals aus, da wir einer alten Gewohnheit folgend ganz auf unsere eigene, begrenzte Seelenkraft setzten – und nicht auf die Kraft Seines Geistes in uns. Wenn wir wie gewohnt unserer Seele die Vorfahrt geben und nicht dem Geist, begrenzen wir den Unbegrenzten in uns und wir schränken den ein, der keine Schranken kennt.

Obwohl Gottes Geist inzwischen schon lange in uns wohnt und wir Teilhaber Seiner göttlichen Natur geworden sind (2. Petrus 1,4: „... durch die Er uns die kostbaren und größten Verheißungen geschenkt hat, damit ihr durch sie Teilhaber der göttlichen Natur werdet, die ihr dem Verderben, das durch die Begierde in der Welt ist, entflohen seid."), kam dieser nicht zum Zuge. Jesus will nicht in deinem Geist gefangen sein, sondern Er möchte deine Seele und deinen Körper durchdringen und mit Seiner wunderbaren Gegenwart erfüllen.

So viele Christen erleben *keine Ströme lebendigen Wassers*, von denen Jesus sprach, weil Christus sich nur in ihrem wiedergeborenen Geist bewegen darf. Er wird darin quasi gefangen gehalten. Wenn unser Denken nicht auf Gottes Denken ausgerichtet und abgestimmt ist, stoppt Gottes segensreicher Durchfluss genau an dieser Stelle. Wenn unser Fühlen nicht auf Gottes Gefühle ausgerichtet und abgestimmt ist, stoppt der Durchfluss seiner Ströme an dieser Stelle. Wenn unser Wille nicht auf Gottes Willen ausgerichtet und abgestimmt ist, dann stoppt der Durchfluss an dieser Stelle. Wenn wir nicht bereit sind, außerhalb von unseren fünf Sinnen Dinge wahrzunehmen, dann stoppt der Durchfluss an dieser Stelle.

Die Quelle göttlicher Ressourcen und Kraft liegt in einer verbindlichen heiligen Verbindung zwischen dir und Gott. Jesus hat die Dichte dieser Verbindung in einem Bild verdeutlicht. „*Ich* bin der Weinstock, *ihr* seid die Reben. Wer in Mir bleibt und Ich in ihm, der bringt viel Frucht, denn getrennt von Mir könnt ihr nichts tun" (Johannes 15,5).

Jesus bringt mit Seiner Aussage zum Ausdruck, dass deine Verbindung zu Ihm eine fruchtbringende ist. Seine Natur, Seine Fähigkeiten, Seine Liebe und Seine Autorität wirken durch dich sichtbare Früchte. Die einzige Voraussetzung für die Frucht einer gewaltigen Gebetserhörung wird ebenfalls von Ihm erwähnt: „Wenn ihr in Mir bleibt und Meine Worte in euch bleiben, so werdet ihr bitten, was ihr wollt, und es wird euch geschehen" (Johannes 15,7).

Das illustriert auch das folgende kurze Theaterstück sehr gut.

Geist und Seele, eine Drama in zwei Akten

Personen:
Der menschliche Geist
Die Gefühle
Der Wille
Der Verstand
Der Körper

1. Akt

Geist: *(kleinlaut)*
Darf ich mich vorstellen? Ich bin der Geist eines Menschen, der sich von seiner Seele beherrschen lässt. Mir geht es nicht so gut – ich habe nichts zu sagen. Und ständig muss ich mit ansehen, wie mein Mensch die falschen Entscheidungen trifft, obwohl ich es doch besser wüsste. Aber ich komme überhaupt nicht durch. Ich habe nichts zu melden. Stattdessen werde ich mit lauter nebensächlichen Informationen gefüttert, ich verbringe kaum Zeit mit den Dingen, die mir Spaß machen – anbeten, das Wort so richtig verstoffwechseln, anderen dienen ... ich bin hier auch wirklich ganz abgemagert und schwach geworden, denn ich bekomme fast nie was Richtiges zu beißen – mal einen Bibelvers, das wäre ja schon genug. Stattdessen versucht man, mich mit humanistischen Plattitüden bei Laune zu halten – mir wird schlecht, wenn ich nur daran denke!

Gefühle: *(energisch)*
Also, diese Jammerei muss ich jetzt mal unterbrechen. Mir geht es gut! Mein seelischer Mensch ist sehr gefühlvoll. Ich kann machen, was ich will. Na ja, ganz so gut geht es mir nicht – Ihr kennt ja den alten Goethe – Himmelhoch jauch-

zend, zu Tode betrübt, glücklich allein ist die Seele, die liebt. Da hatte er Recht. Ich fahre zwar Achterbahn, aber ich darf alle hier mitnehmen. Und das macht dann doch wieder Spaß.

Wille:
Zum Glück gibt's mich. Ich bin hier der Chef. Ich bin der Wille. Hier wird gemacht, was ich will. Freunde nennen mich auch liebevoll „meine kleines EGO". „Klein" ist ja nett. Ich habe hier schließlich das meiste Gewicht. Ich weiß, was ich will. Nämlich was anderes. Die anderen können machen, was sie wollen – solange es in meine Richtung geht. Da kann es ruhig auf und ab gehen. Man muss nur wollen, dann erreicht man alles, sage ich immer. Zum Glück muss ich nicht entscheiden, was ich will. Kann ich auch gar nicht und ist mir auch nicht wichtig. Aber eins ist klar: Ich will, was ich will, will ich, will!

Und wenn mir der Verstand keine Argumente mehr liefert für das, was ich will, schalte ich um auf mein Gefühl. Dann inszenieren wir einen kleinen Zornausbruch, schmollen, sind tief getroffen oder heulen zur Not ein bisschen rum. Gell Gefühl, das läuft gut?

Gefühl (grinst kokettierend und bemerkt leise)
. . . Du musst doch nicht alles verraten . . .

Verstand:
Ich bin der Verstand und habe den Eindruck, dass ich der einzig Normale in einem Haufen Verrückter bin. Ich bin arg bemüht, dem Gefühl etwas entgegenzusetzen. Schließlich bin ich objektiv – der Verstand ist immer objektiv, und die Gefühle sind höchstens subjektiv. Ich erinnere mich an einen Fall, wo da ein Mensch des anderen Geschlechtes meinen Kollegen total den Kopf verdrehte . . .

Körper:
Ich bin der Körper eines Menschen, der von seiner Seele beherrscht wird. Ja, und als da dieses gut aussehende, anziehende Wesen kam, habe ich mal die Hormone ordentlich hochgeregelt. Na, da hättet ihr mal sehen sollen, wie schnell ich den Willen und das Gefühl auf meiner Seite hatte! Man

sagt in solchen Fällen nicht umsonst, da habe einer den Verstand verloren, hihi!

Verstand:
Na, mach du dich nur lustig! Ich gewinne schließlich oft genug! Ich bin nämlich notwendig, und ich erkläre dem Menschen, was wichtig ist. Ich setze seine Prioritäten! Im Moment arbeiten wir feste an einer Karriere, damit das mit der Alterssicherung, dem Porsche und dem Ferienhaus in der Karibik klappt. Und da siehst du oft ganz schön alt aus, Körper!

Körper:
Tja, da hast du leider recht! Genug Schlaf gibt es nicht, gegessen wird da nur zwischen drinne, und wenn ich versuche, mal Protest einzulegen, gibt's ein Aspirin oder einen trockenen Martini oder zwei oder drei ... Kein Wunder, dass ich schlecht schlafe, oft Kopfschmerz produziere, und mein Rücken ist auch in einem jämmerlichen Zustand. Da kannst du Holz drauf hacken und das tut nicht mal weh!

Gefühle: *(fällt ins Wort)*
Also, da muss ich mich einmischen – wenn du denkst, du bist der Einzige, der einstecken muss – du hast ja gar keine Ahnung! Ich bin der Einzige, der leidet. Ständig funken mir Wille und Verstand dazwischen. Wenn der Verstand wieder mit seinen vernünftigen Argumenten kommt, muss ich echt schwer kämpfen. Dabei weiß doch jeder: Gut ist, was sich gut anfühlt!

Verstand: *(streitlustig)*
Nein, gut ist, was vernünftig ist!

Körper: *(Heftig)*
Stimmt nicht! Gut ist, was gut tut!

Wille: *(energisch)*
Schluss jetzt mit dem Gequatsche. Gut ist, was ich will. Zwei Aspirin für den Körper, ein Stimmungsaufheller für das Gefühl und weiter geht's. Schließlich muss sich jeder um sich selbst kümmern und wenn ich mich nicht liebe, hat mich gar keiner lieb.

Geist: *(leise und traurig, aber hörbar)*
Ach, wenn du nur wüsstest!

2. Akt

Geist: *(freudestrahlend)*
Jetzt sieht die Sache anders aus – mein Mensch hat beschlossen, sich Gott zuzuwenden, und das ist eine wahre Wonne für mich. Und den anderen geht es auch nicht schlecht dabei, obwohl es für sie manchmal hart ist, wenn sie nicht das Sagen haben. Am Anfang war es echt schlimm für sie – aber als sie erst mal gemerkt haben, dass ich da bin, um ihnen zu dienen und sie schöpfungsgemäß zu unterstützen, da ging es ihnen besser. Und sie hörten auch auf, ständig zu streiten. Dieser Friede ist himmlisch!

Gefühle: *(unhektisch, ruhig)*
Ja, das stimmt. Ich bin viel ausgeglichener, seitdem der Geist mir hilft, die Dinge richtig einzuordnen, Und dann sind da noch diese Früchte des Geistes – und ich muss sagen, davon spielt sich einiges auf der Gefühlsebene ab. Das beste daran ist, ich muss diese Früchte nicht irgendwie selber produzieren – ich bin einfach freundlich, ich muss nicht mehr nur so tun. Mann, das hat eine gehörige Portion Entspannung in das Ganze gebracht!

Wille: *(grinst relaxed und swingt)*
Ich bin ja so relaxed. Ich bin zwar nicht mehr der Chef. Dafür kann ich öfter mal Urlaub machen und ausspannen. Endlich kann ich wollen, was ich wollen soll. Ich muss mir nicht den Kopf zerbrechen, was das Beste ist – der Geist hat einfach den besseren Überblick. Und jetzt ist es so: Wenn wir uns gemeinsam was vornehmen, dann klappt das auch.

Verstand: *(besonnen)*
Ich bin auch zufrieden, das muss ich sagen. Okay, der Anfang WAR hart – ich konnte Argumente liefern, so viel ich wollte, aber nichts zog mehr richtig. Das Schlimme war ja: Der Geist hatte ständig Recht! Ich konnte mit allem Wissen meiner Sinne dagegen arbeiten, aber der Geist wusste einfach immer

mehr. Und jetzt spiele ich da auch mit – und stelle fest, das, was ich sage, hilft anderen Menschen weiter! Ich bin total begeistert!

Körper: *(begeistert)*
Mir geht es blendend! Mir ist, als der Geist das Sagen übernahm, Gottes heilende Kraft begegnet – alle meine Stresserkrankungen bin ich los, und Gott wurde auch mit den degenerativen und chronischen Erkrankungen fertig, da, wo die Ärzte sagten, es gäbe keine Hoffnung mehr. Und das Allertollste ist, dass ich richtig merken kann, wie diese Kraft, der Geist, durch mich durchfließt. Sag mal, Geist, wie funktioniert das eigentlich?

Geist:
Na ja, es heißt im Wort Gottes „Wer an mich glaubt, wie die Schrift es sagt, von dessen Leib werden Ströme lebendigen Wassers fließen." Und ich glaube, das ist das, was du erlebst. Ist Gott nicht klasse?

Körper:
Ja, und er gebraucht mich! Ich fühle mich so geborgen bei Ihm. Danke, Geist. Ich hatte am Anfang nie gedacht, dass du mein Freund bist – als ich mit dem Rauchen aufhören sollte, und als du meinen Alkoholkonsum gedrosselt hast, weil du gesagt hast, dass dich das negativ beeinflusst – nein, du hast es anders gesagt . . . Du hast gesagt, es macht dich „unordentlich". Aber jetzt, wo ich gesund bin und wo ich erlebe, dass es auch anderen besser geht, wenn sie mir nur begegnen, muss ich sagen, es hat sich wirklich gelohnt. Auch das mit dem Fasten – das hat mir zwar zu Anfang nicht gefallen, aber ich merke: Es hilft mir auch. Es hilft mir, meine Essgewohnheiten im Griff zu haben, dankbar zu sein für ganz einfache Dinge – und der Geist meint, das bewirkt bei ihm irgendwie noch mehr.

Geist:
Ja, das stimmt, das ist ein Punkt, wo du mir richtig gut hilfst, Körper. Ich kann mich dann besser konzentrieren und mich

ganz abhängig von Gott machen. Abgesehen davon, dass das ja auch eine reinigende Wirkung für dich hat!

Wille:
Am schönsten ist es, dass ich endlich lieben kann. Ich komme mir so vor, als hätte ich vorher nie gelebt. Ich kann auch abnehmen und es fällt mir leicht. Ach ja, eine Bitte hätte ich doch. Nennt mich nicht mehr EGO. Der Spitzname ist mir jetzt etwas peinlich.

Wir sollten eines nicht außer Acht lassen: Die menschliche Seele hat enorm viel Kraft. Der Wille des Menschen ist stark, denn seine seelische Natur ist stark. Wir verdanken der Seele viele gute Errungenschaften und Segnungen, wissenschaftliche und berufliche Erfolge wie auch kulturelle Leistungen, aber auch viele Probleme wie soziale Ungerechtigkeiten, Kriege und Schuld. Um es klar und deutlich festzuhalten: Die Seele ist ursprünglich von Gott geschaffen, und sie gehörte zu den Dingen, von denen Er sagte, dass sie sehr gut sind. Nach dem Sündenfall aber wurde die Seele der Schauplatz des Kampfes von gut und böse. Und im Versuch, unabhängig von Gott zu überleben, wurde die Seele sündig. Wenn wir am Kreuz Erlösung finden, dann hört die Vorherrschaft der Sünde auf. Unsere Seele wird auch erlöst und geheiligt. Es sind unsere unerlösten Seelenanteile, die uns in Schwierigkeiten bringen. Sie rauben uns den Segen, den Gott uns als Seinen Kindern schenken will.

Geistlich gesehen muss die Seele nicht zerstört werden, denn Jesus sagte nicht: „Ich bin gekommen, um zu zerstören." Er sagte: „Der Dieb kommt nur, um zu stehlen und zu schlachten und zu verderben. Ich bin gekommen, damit sie Leben haben und <es in> Überfluß haben" (Johannes 10,10).

Er zerstört nicht durch religiöses Regelwerk:

- den klaren Verstand
- die gewaltigen Gefühle
- den starken Willen.

Im Gegenteil: Gott kann und will die seelische Natur des Menschen nutzen. Lester Sumrall hat gesagt: „Wenn Hitler sein Seelenpotenzial für Gott genutzt hätte, wäre er einer der größten und effektivsten Evangelisten geworden." Das Problem bei Hitler war, dass er seine seelischen Stärken und Qualitäten dem Teufel zur Ausbildung überließ.

- Es war die menschliche Seelenkraft, die den Jüngern half, nach der Himmelfahrt Jesu zehn Tage auszuharren, bis der Geist Gottes zu Pfingsten kam. Ihrem nackten Gehorsam verdanken wir die Entstehung der Kirche.

- Es war aber zum Beispiel auch die menschliche Seelenkraft, die den Turm zu Babel baute. Arrogant versuchte sie Gott.
- Auf der anderen Seite wurde die Arche nicht aus der seelischen Kraft eines Menschen gebaut. Wenn es Noahs Seele gewesen wäre, wäre sie nicht so entstanden. Es war gegen seine Gefühlsanteile, 120 Jahre an einem Kasten zu bauen und zu schrauben. In all den Jahren, in denen er hämmerte, musste er immer wieder hören: „Noah, du bist behämmert." Aus der seelischen Kraft alleine heraus lässt sich derartig geballte Entmutigung nicht aushalten. Zudem war es gegen jede Logik, ein Boot auf dem Festland zu bauen, weit weg von jeder größeren Pfütze. Die Arche wurde durch einen Menschen gebaut, in dem der Geist Gottes in großer Freiheit wohnte.

Immer wieder erkennen wir, dass da, wo der Geist Gottes wohnt, erstaunliche Lebensrettungsunternehmungen entstehen.

Als Paulus und Silas in Philippi der römischen Staatsgewalt missfielen, wusste diese ihr Missfallen durch eine öffentliche Auspeitschung auszudrücken. Ich glaube nicht, dass die beiden anschließend noch einen ganzen Faden am Leib hatten. Man ließ sie nach der öffentlichen Demütigung nicht etwa laufen, sondern setzte sie im Kerker fest. Damit war die Ausbreitung des Evangeliums in Philippi erst mal gestoppt worden. Paulus und Silas litten nicht nur körperliche Qualen, fürchteten nicht nur eine ungewisse Zukunft, es waren auch viele Hoffnungen und Träume darüber zerbrochen, wie Gott in Philippi wirken könnte.

Die beiden müssen mit sich gerungen haben – aber sie haben sich auch durchgerungen. Ihnen war die Tatsache bewusst, dass denen, die Gott lieben, alle Dinge zum Besten mitwirken müssen (Römer 8,28); ein Bibelvers, der zu dem Zeitpunkt erst noch geschrieben werden musste. Nein, die beiden kannten den Gott, dem sie dienten. Und deswegen wussten sie, ganz egal, wie dreckig sie aussahen, wie sehr ihre Körper geschunden waren, wie düster die Zukunft sich ausmalte: Dieser Gott hat unter allen Umständen Lob verdient. Um Mitternacht fingen sie an, Gott ein Lob zu singen. Und dieser Lobpreis, der jenseits aller natürlichen Umstände den übernatürlichen Gott pries, löste ein wahres Erdbeben aus. Dieser Lobpreis hatte die Kraft, sie nicht nur mental, sondern völlig real aus dem Gefängnis zu befreien. Und nicht nur das: Das, was wie die Sackgasse der Gemeinde in Philippi aussah, führte dazu, dass sich der Kerkermeister samt seiner ganzen Familie bekehrte! Da, wo Gottes Geist durchbricht, geschehen die unglaublichsten und wunderbarsten Dinge.

Der Jugendevangelist Bernhard Rebsch verstand es, ohne Anbiederung Jugendliche zum Glauben an Jesus zu führen. Auch ich gehöre zu denen, die durch seine Botschaft gepackt wurden und beschlossen, sich ganz auf Jesus einzulassen. Dann erlebte Bernhard einen schweren Autounfall – er verlor ein Bein, Schädel und Kiefer waren zertrümmert. Mehr tot als lebendig lag er lange im Koma. Keiner wusste, wie viel von seinem Hirn noch da war, wie viel funktionieren würde – und ob er ohne die lebenserhaltenden Maschinen überleben können würde.

Eine nach der anderen wurden die Maschinen abgeschaltet – Bernhard lebte, trotz allem. Langsam verheilten die vielen Brüche, mühsam eroberte er sich durch hartes Gedächtnistraining die Sprache zurück. Als ich Bernhard dann wieder sah, war er singend mit dem Fahrrad zu einer Jugendversammlung gekommen. Er wusste zwar meinen Namen nicht mehr, aber das war nicht so wichtig. Der Unfall hatte nicht die Liebe und Annahme zerstören können, die von diesem außergewöhnlichen Mann ausging. Für mich war das überwältigend.

Bernhard war entgegen aller Umstände in dieser Krise gewachsen. Er hielt, obwohl ihm so manches Wort nicht gleich einfiel, eine kraftvolle, inspirierende Predigt. Bernhard hatte nicht nur den schrecklichen Unfall überlebt – sondern er verströmte jetzt das Leben und die Liebe Gottes aus jeder Faser. Sein vom Geist Gottes geprägter menschlicher Geist konnte Gottes Lebensfülle durch einen sehr stark zerstörten Körper zum Ausdruck bringen. Hierin kommt das „Leben im Geist“ anschaulich zum Ausdruck.

Die seelische Natur

1. Korinther 3, 16+17

Halten wir fest: Der nicht sichtbare Teil unseres Wesens enthält Seele und Geist.

1a) Der Geist ist jener Teil unseres unsichtbaren Wesens, der uns mit Gott verbinden kann. Wenn er durch die Wiedergeburt lebendig geworden ist, erleben wir Gotteserkenntnis und Gemeinschaft mit Gott. („Der Geist selbst bezeugt <zusammen> mit unserem Geist, dass wir Kinder Gottes sind.“ Römer 8,16; „Wer aber dem Herrn anhängt, ist *ein* Geist <mit ihm>.“ 1. Korinther 6,17; „Es kommt aber die Stunde und ist jetzt, da die wahren Anbeter den Vater in Geist und Wahrheit anbeten werden; denn auch der Vater sucht solche als seine Anbeter.“ Johannes 4,23; „Denn Gott ist mein Zeuge, dem ich in meinem Geist an dem Evangelium seines Sohnes diene, wie unablässig ich euch erwähne ...“ Römer 1,9.)

1b) Die Seele ist jener Teil unseres unsichtbaren Wesens, die vornehmlich die diesseitsgerichtete menschliche Persönlichkeit ausmacht. Die Summe unserer Eigenarten und unser Temperament bilden unsere Persönlichkeit. Die Seele ist die Mitte der Person mit der Fähigkeit zur Entscheidung und dem Filtern von Informationen der Sinneserkenntnis.

2. Der Körper ist die Verpackung, ist die Hülle, um die uns Dämonen und andere Geistwesen beneiden. Hier ist die Sinneserkenntnis in der materiellen Dimension angesiedelt.

Wir sehen, dass wir uns in vielen Bereichen entwickeln können:

Der Geist kann Gottesbewusstsein entwickeln.

Die Seele kann Selbst- und Christusbewusstsein entwickeln.

Der Körper kann Muskeln entwickeln, um stärker zu werden.

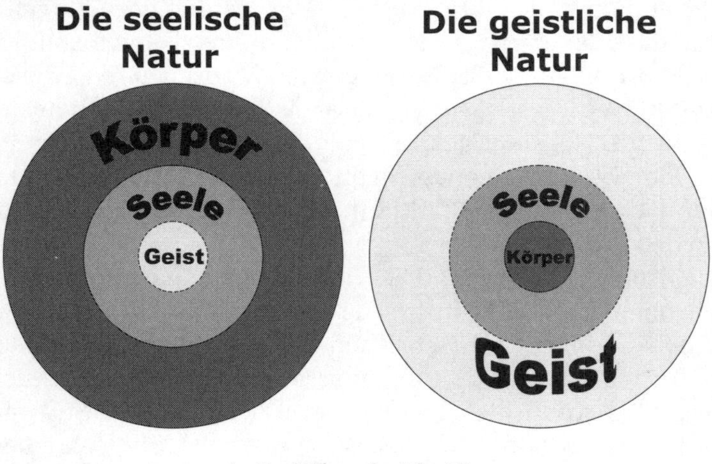

1. Korinther 3, 16+17

Das linke Bild stellt den natürlichen, seelischen Menschen dar.

Das rechte Bild zeigt, hier hat sich die Geistesdimension bei einem Menschen mächtig entwickelt. Es entstand ein Gottesbewusstsein. Eine solche Geistentwicklung ist ein großer Segen. Eine gereifte Geistesdimension setzt auch großen Segen frei für Seele und Körper. In keiner Weise ist die menschliche Seele kleiner geworden (1. Korinther 3,16-17). Im Gegenteil, die Seele fängt nun an, unter der Einwirkung von Gottes Geist sich positiv zu entwickeln und zu entfalten, um nun die Früchte des Geistes zu entwickeln.

Wenn wir gerade Christen geworden sind, stellen wir überrascht fest, dass wir immer noch Dinge tun, die wir eigentlich nie mehr tun wollten. Wenn wir ehrliche Christen sind, dann bleibt das durchaus auch länger so – und wir sind damit in guter Gesellschaft, Paulus beschreibt dieses Dilemma in Römer 7 haarklein.

Woran liegt das? Wir sind immer noch darauf programmiert, unsere Bedürfnisse selber zu stillen, uns selber verteidigen zu müssen, selber zuzusehen, dass wir nicht zu kurz kommen. Von daher muss die Festplatte unseres unerneuerten Sinnes neu beschrieben werden. Das geschieht, wenn wir sie mit dem Wort Gottes füttern. Wir werden dazu aufgefordert, dass das Wort Christi reichlich in uns wohnen soll (Kolosser 3,16). Das schließt den ganzen Menschen ein – Seele, Körper, Geist. Jesus wusste, dass uns das nährt, denn Er sagt mit Recht: „Es steht geschrieben: ‚Nicht von Brot allein soll der Mensch leben, sondern von jedem Wort, das durch den Mund Gottes ausgeht'" (Matthäus 4,4). Als Christ lebst du von den Worten Jesu.

Unsere Gedanken und Gefühle, aber auch unser Wille haben noch die alte Software des alten Menschen, die Pfadnamen sind nicht überschrieben. In bestimmten Situationen greifen wir routinemäßig auf unsere sündigen Muster zurück. Dies muss grundsätzlich erneuert werden. Die neue Software wird installiert und die Pfadnamen werden überschrieben, indem wir Gottes Gedanken lesen, sprechen und in uns aufnehmen.

Gott will sich ja in unserem Denken und unserem Fühlen und unserem Wollen ausbreiten. Die Seele hat eine Altlast durch eine alte Prägung, durch unsere Vergangenheit. Nicht alles davon ist uns verstandesmäßig immer klar und bewusst, denn das Unterbewusstsein baut sich durch das auf, was durch die Datenbahnen deiner fünf Sinne in dir Eingang findet. Dein Unterbewusstsein ist eine Art versteckte Persönlichkeit deiner Seele. Das Unterbewusstsein ist eine Festplatte, auf der alle

- Erfahrungen,
- Sinneseindrücke
- Traditionen und
- Wertsysteme deines Umfeldes und deiner Vorfahren gespeichert sind.

Diese alte Festplatte ist leider in Maschinenschrift geschrieben und für uns nicht so direkt lesbar; meistens ist uns nicht klar, was darauf steht. Und diese alte Festplatte hat ein paar eigenwillige Programme, die Impulse an die Seele weitergeben.

Diese Festplatte reagiert auf neue Ereignisse mit zwei Dingen, die sie an die Seele weitergibt: Entweder sagt sie „Wir haben das schon immer so gemacht." Oder: „Wir haben das noch nie so gemacht." Wenn diese Festplatte mit den Dingen der Welt gefüttert wurde, dann kommt die Welt auch wieder aus uns raus. Dies geschieht in Worten und Taten mit weltlichen Handlungsmustern. Je mehr aber deine Seele durchtränkt wird von der Gegenwart Christi und du Christus auch in deiner Seele Raum gibst, desto mehr kann Er durch die Seele über den Körper nach außen wirken. Gott scheint von innen nach außen hinaus zu arbeiten.

Jesus sagt in der Offenbarung: „Siehe, ich stehe an der Tür und klopfe an; wenn jemand Meine Stimme hört und die Tür öffnet, zu dem werde Ich hineingehen und mit ihm essen, und er mit Mir" (Offenbarung 3,20). Dieses Essen ist eine Form der Gemeinschaft. Es bedeutet: Gott möchte, dass unser Denken, unsere Fantasie, unsere Vorstellung, alle Empfindungen, alle Willens- und Seelenkraft getränkt ist von Jesus. Erst dann fließt Er durch uns in diese Welt, die Ihn dringend benötigt.

In Johannes 14,23 formuliert Jesus etwas sehr Schönes: „Wenn jemand Mich liebt, so wird er Mein Wort halten, und Mein Vater wird ihn lieben, und Wir werden zu ihm kommen und Wohnung bei ihm machen."

Lieber Leser, willst du, dass der Vater dich liebt? Willst du, dass Jesus und Sein Vater bei dir Wohnung machen? Wenn ja, dann befolge Sein Wort.

Noch etwas: Gottes Worte sind nicht einfache normale Worte. Sie sind Leben. „Der Geist ist es, der lebendig macht; das Fleisch nützt nichts. Die Worte, die ich zu euch geredet habe, sind Geist und sind Leben; ..." sagt Jesus in Johannes 6,63. In Hebräer 4,12 steht, dass der Logos Gottes ein lebendiges Ding ist. Jedes Wort, das Gott spricht, hat Leben in sich. Diese lebendige Masse kommt in deine Seele, in dein Unterbewusstsein. Sein Wort hat die Autorität Gottes in sich – es kann Felsen zerschneiden, es kann Geist und Seele trennen. Sein Wort hat die Auferstehungskraft in sich. Sein Wort ist voller Heilungskraft und Schöpfungskraft.

Es ist das tägliche Brot des Himmels für unsere Seele.

Jesus ist die Wahrheit, also werde ich in der Wahrheit wandeln.

Jesus ist das Licht der Welt, also werde ich im Licht wandeln.

Jesus sagt, Er ist das Brot des Lebens – also werde ich ernährt werden.

Jesus ist der Weinstock, und wir sind die Reben – ich werde also durch Ihn Frucht bringen.

Jesus ist der gute Hirte – ich werde also auf die grüne Wiese geführt.

Jesus ist die Tür zu den Schafen – ich weiß also, wo ich lang muss.

Jesus ist die Auferstehung und das Leben – ich werde also leben.

Der Geist Gottes im Menschen

In unserer westlichen Zivilisation herrschen Körper und Seele, nicht jedoch der Geist des Menschen. Auch Christen identifizieren sich weiterhin ausschließlich mit der Befriedigung ihrer eigenen seelischen und körperlichen Bedürfnisse, nicht jedoch mit ihrem wieder geborenen Geist, der sich auf Gottes Geist ausrichtet. Viele Menschen entdecken heute fernöstliche Geistesschulen, da sie begriffen haben, dass ein Lebensstil, der auf Seele und Körper ausgerichtet ist, nicht alles ist, und die fleischliche Seele uns manchmal sogar ruinieren kann. Einer christlichen Welt, die die Dimension der Entwicklung durch Gottes Geist außer Acht lässt, geht es mit ihrer Gefühlsorientiertheit seelsorgerlich oftmals schlechter als beispielsweise einem Buddhisten, der gelernt hat, Dinge hinzunehmen, weil er sich mit seinem Geist über die materielle Welt hinwegzusetzen versucht. Buddhisten nehmen sich mit viel Disziplin und Ausdauer Zeit, in die geistliche Welt vorzudringen, wohingegen „normale Christen", ihren fleischlichen Impulsen folgend, oft vor ihrem Fernseher sitzen, irgendwelche Bücher lesen, ohne jedoch mit dem anvertrauten Pfund ihres wieder geborenen Geistes in die neue Dimension des Übernatürlichen vorzustoßen.

Es ist völlig klar, warum viele Christen noch nicht einmal zwei Prozent der ihnen zur Verfügung stehenden Kraft erfasst haben. Die Entwicklung unseres Geisteslebens braucht Disziplin. Wenn wir zum Beispiel statt mehr über Jesus zu reden mit Ihm selber reden, würde der Dienst so manches Christen dramatische Ausmaße annehmen. Wenn wir uns weiterhin schwerpunktmäßig mit der alten seelischen Natur und dem Körper identifizieren und nicht mit unserem wieder geborenen Geist, dem neuen Menschen, bleibt uns eine gewaltige Dimension geistlichen und irdischen Lebens verschlossen. *Nur in der Dimension des Geistes gibt es wahre Gotteserkenntnis, tiefes Gotteserleben und Gottesgemeinschaft, Gaben des Geistes, Heilungen, Kraftwirkungen und so weiter.*

Die Bibel sagt, „Wer aber dem Herrn anhängt, ist *ein* Geist <mit ihm>" (1. Korinther 6,17). Mit anderen Worten: Dein Geist kennt Gott, und Gottes Geist kennt deinen Geist. In der innigen Verschmelzung der Geistesgemeinschaft mit Ihm wissen wir irgendwann nicht mehr, wo unser Geist aufhört und Seiner anfängt, wenn wir im Dienst an Menschen stehen. In Römer 1,9 wird berichtet, dass wir Gott mit unserem Geist sogar dienen können.

Wir müssen also Bewusstsein dafür entwickeln, dass wir mehr sind als Körper und Seele in dieser Welt. Wenn wir nicht erkennen, dass wir auch in der übernatürlichen Dimension des Geistes Gottes sind, dann werden wir weder Interesse noch Lust an der geistlichen Dimensionen hinter unserer sichtbaren Welt entwickeln. Wir werden hier auf Erden weder in die geistlichen Dimensionen kommen, noch können wir irgendwelche Vorfreudegefühle für die Ewigkeit entwickeln, die ja auch zu unserem Geistwesen gehört. Zu Begriffen wie „Ewigkeit", „Gottes Gegenwart", „Ihn erkennen", „ewige Freude", „sich verlieren in Seiner Gegenwart" werden wir keinen wirklichen Zugang haben. Man redet von diesen Qualitäten wie ein Blinder von den Farben. Ich muss mich also als Geist und eins mit Christus begreifen, um die Dimension meines weiteren Lebens zu erfassen, denn die Ewigkeit verbringen wir im Geist und nicht in der Materie. „. . . es wird gesät ein natürlicher Leib (physikos), es wird auferweckt ein geistlicher Leib (pneumatikos). Wenn es einen natürlichen Leib (physikos) gibt, so gibt es auch einen geistlichen (pneumatikos)" (1. Korinther 15,44).

Wenn wir nicht begreifen, was wir in Christus alles haben, wenn wir in Ihm sind, werden wir die geistlichen Dimensionen der Vollmacht, Prophetie, Offenbarung und vieles mehr als materiegebundene Wesen sowieso auf Erden kaum ausleben. In der Ewigkeit brauchen wir diese Qualitäten dann nicht mehr. Wenn du erkennst und Bewusstsein dafür entwickelst, dass du ein geistliches Wesen bist, fängst du allmählich an, auch geistlich zu handeln und über die Seele und die materielle Dimension zu herrschen.

Körper, Seele und Geist

Körper	**Seele**	**Geist**
(Sinneserkenntnis)	(Wille, Verstand, Gefühl) Entsündigung (Ps 51,9) Nicht mein Wille, sondern Dein Wille	(Glaube, Liebe, Hoffnung) Geist-zu-Geist-Begegnung (Joh 4,24)

„Wisst ihr nicht, dass ihr Gottes Tempel seid und der Geist Gottes in euch wohnt? Wenn jemand den Tempel Gottes verdirbt, den wird Gott verderben; denn der Tempel Gottes ist heilig, und der seid *ihr*" (1. Korinther 3, 16-17).

Vorhof	**Heiligtum**	**Allerheiligstes**

Der alttestamentliche Tempel bestand aus einem Vorhof, dem Heiligtum sowie dem Allerheiligsten. Die Analogie von Körper zu Tempel liegt auf der Hand. Unser Körper stellt gewissermaßen den Vorhof dar, dort wird geopfert. Unsere Seele entspricht dem Heiligtum, in dem im Geist und in der Wahrheit angebetet wird. Das dort abgebrannte Räucherwerk sind unsere Gebete (Offenbarung 5,8 und 8,3).

Wir weihen Gott unsere Gedanken und erneuern sie durch Sein Wort. Wir opfern unseren Willen, indem wir beten: „Herr, nicht mein Wille, sondern Dein Wille geschehe. Nicht mehr lebe ich, sondern Christus lebt in mir. Ich muss abnehmen, Du sollst zunehmen. Wir weihen Gott unsere Gefühle, indem wir beten: „Herr, lass mich fühlen, was Du fühlst." Wir weihen Gott unseren Verstand, indem wir beten: „Herr, Deine Gedanken sind nicht meine Gedanken normalerweise. Ich will mich nicht auf meinen Verstand verlassen, sondern von ganzem Herzen auf Dich. Ich möchte denken, wie Du denkst."

Jetzt treten wir in unser Innerstes, das Allerheiligste, nämlich die Dimension der intensivsten Gottesbegegnung. Das

Wichtigste am Tempel war das Allerheiligste, denn hier befand sich Gottes heilige Gegenwart. In unserem Geist kann nun durch innige Anbetung eine tiefe heilige Geist-zu-Geist-Begegnung stattfinden, bei der Gottes Geist unserem Geist göttliche Offenbarung schenkt. Wir befinden uns im Raum der Weisheit, der Erkenntnis, der Leitung, der Liebe, der Vollmacht und des Glaubens.

Um in das Allerheiligste eindringen zu dürfen, musste der Hohepriester durch einen Prozess der Entsündigung gehen. Auch hier sind die Parallelen frappierend. Die Bibel sagt uns : „Gott ist Geist, und die Ihn anbeten, müssen in Geist und Wahrheit anbeten“ (Johannes 4,24). Deswegen müssen wir uns von Gottes Geist prüfen lassen. Gott und Sünde sind nicht miteinander vereinbar.

Vorhof	**Heiligtum**	**Allerheiligstes**
Opfer		Begegnung
Körper	**Seele** (Wille, Verstand, Gefühl) Entsündigung (Ps 51,9) Nicht mein Wille, sondern Dein Wille	**Geist** Geist-zu-Geist-Begegnung (Joh 4,24)

Freisetzung der Kraft Gottes

Der Geist wird zur Leuchte des Herrn (Sprüche 20, 27)

Agape, Offenbarungserkenntnis Seines Willens, Vollmacht

Gottes positives Einwirken auf unseren Geist und unsere Seele hat eine Auswirkung, die sich über unsere Seele und unseren Körper nach außen hin manifestiert. „Der Geist des Menschen ist eine Leuchte des HERRN, durchforscht alle Kammern des Leibes“ (Sprüche 20,27). „Der Geist selbst bezeugt <zusammen> mit unserem Geist, dass wir Kinder Gottes sind" (Römer 8,16).

Ich bin mir sicher, dass die Ströme lebendigen Wassers, die aus uns fließen (Johannes 7,38) und ein Bild für Gottes überfließende mächtige Salbung und Segen sind, von Seinem Geist aus in unseren Geist kommen.

Es ist wichtig, dass wir den Heiligen Geist nicht nur auf seine Funktion als Tröster reduzieren. Denn er ist weit mehr als ein Taschentuch, das uns die Tränen abwischt. Er ist selbst die gewaltige Kraft, die unsren Dienst begleiten möchte. Jesus selbst gab uns die Verheißung: „Aber ihr werdet Kraft empfangen, wenn der Heilige Geist auf euch gekommen ist; und ihr werdet Meine Zeugen sein, sowohl in Jerusalem als auch in ganz Judäa und Samaria und bis an das Ende der Erde" (Apostelgeschichte 1,8).

Letztes Jahr machte ich eine interessante Erfahrung mit der Kraft dieser Ströme, die von uns ausgeht, ohne dass wir es bemerken. Bevor ich die Menschen im Heilungsgottesdienst offiziell begrüßte, schüttelte ich den Leuten in der ersten Reihe die Hand. Neben einem Gemeindemitglied saß ein stattlicher farbiger Mann, der mir gleich zwei Hände entgegenstreckte und meine ausgestreckte Hand umschloss. Was ich nicht wusste, war, dass er der Saxophonist einer Jazzband aus den Vereinigten Staaten war, der aufgrund eines Leidens an einer Hand schon lange nicht mehr zum Musizieren in der Lage war. Fünf Tage nach dem Heilungsgottesdienst erfuhr ich durch seine Begleiterin, dass er in dem Moment geheilt wurde, als er mir seine beiden Hände zur Begrüßung gab und mich berührt hatte.

Obwohl der Heilungsgottesdienst noch nicht begonnen hatte und noch kein einziges Heilungsgebet gesprochen war, hatten die heilenden Ströme des Heiligen Geistes seine kranke Hand durchflutet und geheilt. Niemand war durch dieses Ereignis mehr überrascht als ich. Wenn wir uns reinigen und heiligen und Gott ganz zur Verfügung stellen, wird unser Dienst interessante Nebeneffekte haben.

Dieses Jahr beschloss ich, mit einem Team aus der Gemeinde die Wiesbadener Esoteriktage zu besuchen, um dort durch evangelistische Gespräche und Gebete Menschen auf Jesus, den Heiler, aufmerksam zu machen. Ich nannte die Aktion unseres Einsatzes mit einem Stand unserer Heilungsworkshops „Projekt Trojanisches Pferd". Als ich in einem der Nebenzimmer des Wiesbadener Kurhauses meinen fünfzehnminütigen Minivortrag zum Thema „Gottes Heilungspower heute erleben" beendet hatte, fragte ich die Anwesenden, wer eine Heilung bräuchte. Ein freundlicher Mann in der dritten Reihe stand auf und kam nach vorne. Er erzählte den Anwesenden, dass er starke Schmerzen in beiden Hüften hätte. Als ich eineinhalb Meter von ihm entfernt stand, betete ich: „Vater, lass die Ströme Deiner Heilungskraft jetzt fließen im Namen Jesu." Ich spürte die Kraft Gottes auf mir und machte einen kleinen Schritt auf ihn zu. Im gleichen Moment wurde er von der Salbung kräftig nach hinten geschoben. Schnell bat ich einen Helfer, der sich hinter ihn stellte. Ich legte meine Hände auf meine Hüfte und machte mit ihr eine Bewegung in seine Richtung. Im gleichen Moment fiel der Mann, dessen Hüfte von unsichtbarer Hand nach hinten geschoben wurde, unter der Kraft Gottes zu Boden. Als ich ihm nach fünf Minuten wieder auf die Beine half, sagte er begeistert: „Die Schmerzen sind jetzt weg." Weitere Personen wurden geheilt. Unter anderem auch die rechte Hand des Veranstalters, eines jungen Mannes mit Knieproblemen.

Viele Menschen beteten als Folge dieser wunderbaren Ströme der Kraft ein Hingabegebet an unseren Gott. Die immense Kraft des Heiligen Geistes entfaltete sich inmitten eines Ortes, an dem Geistheiler, Medien, Astrologen, Wahrsager wie auf einem spirituellen Supermarkt ihre Dienstleistungen feilboten.

Es gibt so viele offene Türen des Heiligen Geistes, durch die wir noch nie gegangen sind. Im Neuen Testamente lesen wir, dass der Evangelist Philippus von einem Ort zum nächsten transportiert wurde. Wir lesen, dass alleine der Schatten des Petrus, der auf schwerkranke Menschen fiel, ausreichte, um diese spontan zu heilen. Wer von uns ist schon wie Paulus durch den Heiligen Geist in den dritten Himmel emporgehoben worden? Ich bin davon überzeugt, dass diese Dimensionen der Kraft sich auch in unserem Leben abspielen können, wenn wir in unserem Leben die richtigen Prioritäten setzen. Nicht umsonst sagt Jesus: „Bittet, und es wird euch gegeben werden; sucht, und ihr werdet finden; klopft an, und es wird euch geöffnet werden! Denn jeder Bittende empfängt, und der Suchende findet, und dem Anklopfenden wird geöffnet werden.“ (Matthäus 7,7-8)

Die Vorherrschaft des Geistes über die Seele

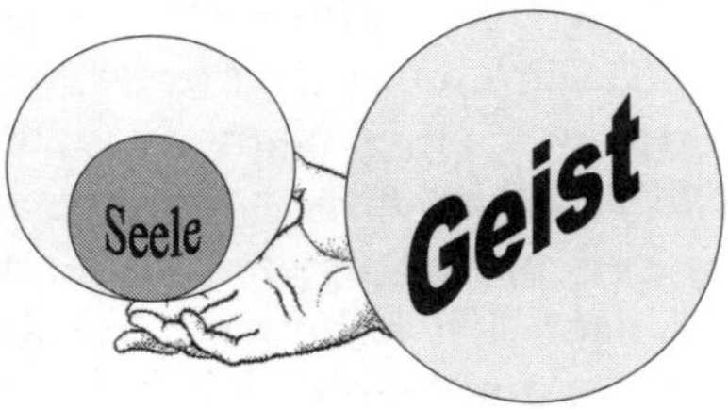

Die geistliche Natur

Wenn wir Christen werden, werden wir aus dem Geist Gottes von Neuem geboren. („Jesus antwortete: Wahrlich, wahrlich, ich sage dir: Wenn jemand nicht aus Wasser und Geist geboren wird, kann er nicht in das Reich Gottes hineingehen. Was aus dem Fleisch geboren ist, ist Fleisch, und was aus dem Geist geboren ist, ist Geist“ (Johannes 3,5-6).) Der aus dem Geist Gottes geborene menschliche Geist befindet sich zunächst in einem Babystadium, ist jedoch auf Wachstum hin angelegt. Die Stagnation im geistlichen Wachstum ist in einer unterentwickelten Geistdimension begründet. Manche Christen lassen nicht von den geistlichen Lebenszielen und Gewohnheiten ihres geistlichen Kinderstadiums ab und belassen so ihren Geist in einem unreifen Kinderstadium. Ihre geistliche Durchschlagskraft, Reife und Salbung bleibt die eines Kindes. Ihr ganzes Leben lang suchen und brauchen sie ständig geistliche Väter und Mütter, die zum Ersatzvermittler zwischen Gott und ihnen werden. Diese Menschen beseelsorgern sie und versorgen sie mit Second-Hand-Offenbarungen und Second-Hand-Erkenntnissen. Da diese Menschen keine Durchreifung ihres Geistes erfahren und deshalb auch nicht die ganze Fülle und Tiefe Gottes erfahren, erwarten sie immer zu viel von geistlichen Leitern, Vätern und Müttern. Zwangsläufig werden sie von diesen gekränkt und enttäuscht, da diese nur begrenzte Menschen mit Stückwerkerkenntnissen sind.

Johannes hat diese Entwicklungsstadien von Christen selber beobachtet: „Ich schreibe euch, Kinder, weil euch die Sünden vergeben sind um Seines Namens willen. Ich schreibe euch, Väter, weil ihr den erkannt habt, <der> von Anfang an <ist>. Ich schreibe euch, ihr jungen Männer, weil ihr den Bösen überwunden habt. Ich habe euch geschrieben, Kinder, weil ihr den Vater erkannt habt. Ich habe euch, Väter, geschrieben, weil ihr Den erkannt habt, <der> von Anfang an <ist>. Ich habe euch, ihr jungen Männer, geschrieben, weil ihr stark seid und das Wort Gottes in euch bleibt und ihr den Bösen überwunden habt“ (1. Johannes 2,12-14).

Weil bei „Kindern im Glauben“ die Zugehörigkeit zu einer christlichen Gruppe allein fast ausschließlich die Grundlage ihrer geistlichen Sicherheit darstellt, ist ihr Glaubensleben schwach, anfällig und leicht zu erschüttern. Oftmals fallen sie vom Glauben ab, da eine Gruppenidentität noch keine wirkliche eigene Identität in Christus darstellt. Ihr geistliches Haus ist somit auf Sand und nicht auf den Felsen Jesus Christus gebaut.

Ein Mensch mit einer heranwachsenden Geistes- und Glaubensdimension bezieht seine geistliche Selbstsicherheit nicht mehr primär aus der notwendigen Zugehörigkeit zu seiner geistlichen Gruppe allein. Er wächst und reift in die Fülle seiner eigenen geistlichen Individualität hinein, die Gott bereits angelegt hat.

Ein reifer Christ lebt nicht mehr von der Abhängigkeit zu den Angestellten Gottes, sondern von der Gemeinschaft zu Gott selbst und Seinem Wort. Er findet nun in Gott die Antwort auf seine Fragen, Sehnsüchte und Nöte. Gott wird mehr und mehr zur Quelle seiner Kraft, Freude, Frieden, Leitung, Bestimmung und Gesundheit.

Das Bewusstsein „Christus in mir", wir könnten auch von Gottesbewusstsein im Alltag reden, bildet sich immer stärker aus. Viele Menschen haben es vermieden oder nie gelernt, ihr Selbstbewusstsein in Gott und Seinem Wort zu stärken, weshalb sie nie in die Fülle und Vollmacht Gottes hineinkommen, die sie so sehr bei anderen bewundern. Solche Menschen, vermutlich der größte Teil der Christenheit, kennen noch nicht ihre Vorzüge und Stärken, die sie in Gott haben. Deshalb fühlen sie sich oft minderwertig, geistlich unwürdig und unterlegen. Aus diesem Grund sagt die Bibel: „Mein Volk kommt um aus Mangel an Erkenntnis. (Weil *du* die Erkenntnis verworfen hast, so verwerfe ich dich, dass du mir nicht mehr als Priester dienst. Du hast das Gesetz deines Gottes vergessen, so vergesse auch *Ich* deine Kinder.)" (Hosea 4,6).

Ein unterentwickeltes Geistesleben geht also immer mit einem defizitären Gottesbewusstsein einher. Die Folge ist eine nicht durch den Geist Gottes kultivierte Seele (vom Fleisch beherrscht), die eine Vorherrschaftsstellung hat. Ein entwickelter Geist dagegen geht immer mit einem starken Gottesbewusstsein einher. Ein solcher Christ weiß, wer er in Gott ist.

Ein Christ ist also nicht automatisch ein geistlicher Mensch, nur weil er von neuem geboren wurde. Die Ursache hierfür liegt im ungleichen Kräftespiel zwischen dem Geist Gottes und der Seele. Bei vielen Christen spielt leider die unerneuerte, fleischliche Seele eine übergeordnete Rolle und nicht der Geist. Ist unser Geistesleben stagnativ unterentwickelt und klein, so hat unsere Seele (Ich) die starke Tendenz zur Unabhängigkeit von Gott und zur Vergrößerung des Egos (mir, meiner, mich).

Unser menschlicher Geist, der die Kontaktinstanz zum Geist Gottes ist, wird von der dominierenden Seele geschwächt. Gottes Geist wird überall und tendenziell von seiner Vorherrschaft entmachtet. Bei solchen Menschen wird man so gut wie kaum die Gaben und Früchte und Offenbarungen des Geistes Gottes wahrnehmen. Sie stellen sich oftmals ernsthaft und sogar berechtigt die Fragen: „Warum scheint Gott nur zu den anderen Menschen zu sprechen? Wo bleibt die übernatürliche Seite des Christentums in meinem Leben? Warum habe ich keine evangelistische Durchschlagskraft und warum erlebe ich, dass nur andere für den Heilungsdienst gebraucht werden? Warum erlebe ich so wenig Resultate bei meinen Gebeten, wenn ich im Namen Jesu bete?"

Das Problem ist eigentlich doch, dass ihr Geist, der eigentlich die Gemeinschaft, Nähe und Anbindung sowie Unterordnung zu Gott sucht, seelisch immer wieder überstimmt wurde. Wir haben es hier mit einem zwar wieder geborenen, aber biblisch gesprochen fleischlichen Christen zu tun. Er braucht dringend Wachstum in Form des Innenausbaus seiner Gemeinschaft mit Gott.

Um der einseitigen Übergewichtung der seelisch-fleischlichen Natur etwas entgegen zu setzen, sollten wir mit dem Innenausbau und der Stärkung unseres Geisteslebens beginnen. Hierzu brauchen wir eine klare, willentliche Entscheidung der Seele, die sich sagt:

- **„Ich will Gott von ganzem Herzen suchen."**
- **„Ich werde Gott nachjagen, mein ganzes inneres Sehnen auf Ihn ausrichten."**

Der zweite Schritt ist die absolute Unterordnung unseres Seelenlebens unter Gott:

> **„Gott, ich sehne mich mit allem, was ich bin und habe, nach Deiner Herrschaft. Gott, ich weihe Dir meine Seele, mein Denken, mein Fühlen. Mein Wille komme unter Deine Ordnung. Nicht mehr lebe ich, sondern Christus lebt in mir. Nicht mein Wille, sondern Dein Wille geschehe. Ich muss abnehmen, damit Du in mir zunehmen kannst. Mehr von Dir, weniger von mir."**

Dieses Gebet ist eines der effektivsten und kraftvollsten Gebete, das ich immer wieder bete, und zwar mit sichtbarem Erfolg, wenn es darum geht, mehr von Gottes übernatürlicher Seite auf meiner natürlichen zu sehen.

Die gute Nachricht lautet: Je mehr wir Ihn beharrlich und aufrichtig suchen, desto mehr lässt er sich finden (Jakobus 4,8). Je mehr Er dann bei uns ist, um so mehr bewirkt Er in uns das Wollen und das Vollbringen seines Wohlgefallens (Philipper 2,12+13). Unser ganzer Mensch mit Geist und Seele erlebt seine Entwicklung, Formung und Gestaltung durch die Art und Weise, wie wir auf Gottes Vorgaben in unserem Leben reagieren. Das Wachstum unseres Geistes ist ein konstanter, anhaltender Prozess. Der Geist wird nun langsam, aber sicher, seine inspirierende Führung übernehmen, sofern wir uns im steten Gehorsam die Worte Gottes innerlich aneignen. Dann verblassen hinderliche Nachfolgestörungen als Folge des Umbaus der bisher dominierenden fleischlichen Seele. Wir werden stark in dem Herrn und der Macht Seiner Stärke (nach Epheser 6,10). Wir erhalten nun folgendes Bild von der Vorherrschaft des Geistes über die menschliche Seele.

Die Natur des reifen Christen

Wie wir schon lasen, bekam Noah durch Gott den Auftrag für den Bau der Arche. Es war nicht seine fleischliche Seele, die die Arche baute. Sein Glaube hat das getan, weswegen er in Gottes „Hall of Fame" der Glaubenshelden in Hebräer 11 gelobt wird. Sein Geist herrschte über seine Seele, die sich anfangs sträubte. Es war, wie wir feststellten, gegen Noahs Logik und sein Gefühl. Wenn jemand 120 Jahre lang an einem Kasten baut, obwohl er dafür verhöhnt wird, dann muss der Geist über die Seele geherrscht haben.

Meine Gefühle aus meiner menschlichen, fleischlichen Seele sagen mir vor jedem Heilungsgottesdienst im Chor vor: „Andreas, du spürst jetzt keine Salbung in dir! Was ist, wenn Gottes übernatürliche Kraft nicht mehr auf dir ist?" Ich bewege mich in die Dimension des Geistes Gottes hinein. Ich trete ein in Gottes Gegenwart. Hier fange ich an, die Dinge aus Gottes Sicht zu erkennen. Ich erinnere mich an mein Gottesbewusstsein, was mir hilft, von Ohnmacht auf Vollmacht umzuschalten. Ich erkenne, wer ich in Christus bin, und sofort ist aus meinem Gebet ein erhörtes Gebet geworden. Der eben beschriebene Vorgang hilft mir im Heilungsgottesdienst immer wieder, den Hebel von Sinneserkenntnis auf Offenbarungserkenntnis umzulegen. Gott gibt mir dann Worte der Erkenntnis, und Menschen werden auf ihren Plätzen geheilt.

Meine Vorgehensweise habe ich von David. „Warum betrübst du dich, meine Seele?“ sprach David. Dann schaltete er um. Er befahl ihr aus seinem Geist: „Lobe den Herrn, meine Seele.“ (Psalm 104,1)

Dadurch kam er wieder in die stabile Stimmungslage. Warum? Wenn die Wahrheit von Römer 14,17 in deinem Geist lebt, dann erlebst du es auch, denn Gott und Sein Wort sind eins. Dort steht nämlich: „Denn das Reich Gottes ist nicht Essen und Trinken, sondern *Gerechtigkeit und Friede und Freude im Heiligen Geist.*“ Halleluja, du kannst in diesem Glauben positiv Freude abrufen, die bereits latent in dir vorhanden ist. Viele Menschen in Gemeinden sind depressiv, geschlagen und brauchen viel Seelsorge. Der Grund dafür kann manchmal sein, dass sie nicht gelernt haben, sich durch ihren Geist mit ihrer Seele glaubensvoll auf die Seite von Gottes Geist zu schlagen und von Ihm her ihre Seele kultivieren. Sie haben nicht gelernt, die Qualitäten des Reiches Gottes, die sie empfangen haben, frei zu setzen.

Andere wiederum haben scheinbar nichts und tun doch Großes für den Herrn. Corrie ten Boom berichtet von einer Reise nach Litauen zu Zeiten des Eisernen Vorhangs. Sie besuchte eine alte Dame, die auf einem schmalen Sofa lag, nur aufrecht gehalten von vielen Kissen. Der gekrümmte Körper der Frau war von MS entstellt. Ihr treuer Mann pflegte sie, wusch sie, fütterte sie. Die Kranke versuchte angestrengt, zur Begrüßung des weit gereisten Gastes den Kopf zu heben, aber es war umsonst: Die Anstrengung war zu groß, so viel

Kraft hatte sie nicht mehr. Corrie berichtet, dass sie nicht anders konnte, als die faltigen Wangen zu küssen.

Die MS dieser Frau war so weit fortgeschritten, dass ihre Hand und ein Finger alles waren, was sie noch frei bewegen konnte. Corrie küsste ihren Zeigefinger. Neben dem Sofa der Frau stand eine Schreibmaschine. Jeden Morgen stellte sie ihr Mann dort auf – und dann machte sich die Schwerkranke nach einer kurzen Anbetung Gottes an die Arbeit: Sie konnte noch tippen. Mit nur einem Finger tippte sie unermüdlich von morgens bis abends. Diese MS-Kranke hatte die Bücher von Watchman Nee und Billy Graham ins Russische übersetzt. Und sie tat nicht nur das, sie betete auch den ganzen Tag für die Autoren. Dann dauerte es manchmal lange, ehe ihr beweglicher Finger wieder auf die Tasten schlug.

Obwohl diese Frau ein schwerer, schwerster Pflegefall war, konnte sie mit ihrem Geist gewaltig über die physische Begrenzung hinaus herrschen und einen gewaltigen Dienst tun.

Aus der Seele zu leben bedeutet, aus eigener Kraft zu leben. Aus dem Geist zu leben bedeutet, aus Seiner Kraft zu leben. Wir müssen lernen, in Seiner Kraft zu leben. Im folgenden ein paar Beispiele, wie das praktisch geschehen kann.

Der Geist und die Liebe

Schon die Beatles erkannten und sangen: All you need is love. Doch irgendwann zerbrach auch ihre Band an dieser kostbaren Mangelware. Es ist unschwer zu erkennen, dass wir nicht genügend Liebe in uns haben und dass wir immer wieder täglich eine neue Ration bei Gott abholen müssen. Wenn Seine Liebe uns ganz durchdringt, werden alle negativen Gefühle wie Ärger, Eifersucht, Angst aufgelöst. Der vollkommenste Ausdruck Gottes in uns und durch unser Leben ist die Liebe. Höhere Liebe kommt aus einer Seele, die bereits ein Liebesbewusstsein entwickelt hat. Dieses Liebesbewusstsein ist eine Folge innerer Gemeinschaft mit Christus. Die höhere Liebe wird dann aus unserem Leben strömen, wenn Gott bei uns Wohnung gemacht hat. „Wer in der Liebe bleibt, der bleibt in Gott, und Gott in ihm." Zu guter Letzt vertreibt die vollkommene Liebe (Gott) die Furcht (1. Johannes 4,18). In Liebe zu sein bedeutet, dass wir Gottes Wohlwollen an Menschen verströmen.

Gebet

Gott, Du und ich sind durch Liebe miteinander verbunden. Vater im Himmel, ich rufe deine unbegrenzte Liebe ab, die Du in mein Herz ausgegossen hast. Deine Liebe ströme von meinem Inneren nach außen. Deine Liebe ströme in mein Herz. Sie wird gleich in meinen Worten und Taten zum Vorschein kommen. Gott, Deine Liebe kennt keine Grenzen. Sie erreicht über meinen Geist meine Seele und schließlich über meinen Körper meinen Nächsten.

Amen.

Im 1. Johannes 4,16 heißt es: „Und wir haben erkannt und geglaubt die Liebe, die Gott zu uns hat. Gott ist Liebe, und wer in der Liebe bleibt, bleibt in Gott und Gott bleibt in ihm."

Im Römer 5,5 lesen wir: „... die Hoffnung aber läßt nicht zuschanden werden, denn die Liebe Gottes ist ausgegossen in unsere Herzen durch den Heiligen Geist, der uns gegeben worden ist." Dein Herz ist erfüllt mit Seiner Liebesnatur. Du hast jetzt Seine Liebesnatur in deinem Herzen empfangen. Wie reagiert die seelische Natur, wenn dein Ehepartner dich verletzt? Wie reagierst du? Die Verletzung wird gemäß deiner Persönlichkeit ein paar Muster hervorrufen: Der Choleriker brüllt rum. Der Introvertierte zieht sich zurück. Ein anderer meckert und motzt vor sich hin. „Du blödes Miststück, ich dachte, du liebst mich!" Wenn der Partner da jetzt mitspielt, dann kommt es zur Eskalation. Die Situation explodiert. Eisiges Schweigen und eine Eheeiszeit folgen. Je nach Temperament fliegen noch ein paar Gegenstände.

Wenn du sauer oder verletzt bist, dann hast du aber noch eine zweite Möglichkeit. Zieh dich zurück, wenn nötig aufs Klo, und verschnaufe. Gib deinem Partner zu verstehen: „Lass uns das bitte unterbrechen, ich bin zu bewegt und zu sauer. Ich mache einen Spaziergang. Wenn ich wiederkomme, kann ich klarer denken als jetzt und dann reden wir weiter, versprochen." Bewege dich aus der überhitzten Atmosphäre in eine Geistesatmosphäre. Bete.

> **„Ich widerstehe dem Geist der Ablehnung und des Selbstmitleids. Ich widerstehe dem Wutanfall. Denn ich bin die Gerechtigkeit Gottes geworden in Christus. Vater, Sohn und Heiliger Geist sind in mir. Deine vollkommene Liebe durchströmt mich. Sie heilt mich, und sie kann überschwappen auf meinen Partner. Die Ströme lebendigen Wassers fließen durch mich. Ich bin mit Christus gestorben; nicht mehr lebe ich, sondern Christus lebt in mir. An diesem Familienunternehmen arbeite ich mit Dir zusammen."**

Wie reagiert ein Mensch, bei dem die Vorherrschaft des Geistes über die Seele praktiziert wird? Die geistliche Natur lehnt sich zurück, holt tief Luft.

> **„Da Gott in mir ist, ist die vollkommene Liebe in mir. Ich rufe die vollkommene Liebe ab. Da meine Liebe nicht reicht, zapfe ich die vollkommene Liebe an. Gott, wir lieben sie/ihn zusammen. Ich liebe sie/ihn mit Deiner Liebe. Ich ertrage den Schmerz in Deiner Kraft. Ich segne sie/ihn mit Deinem Segen. Ich lass Deine Liebe strömen. Deshalb kann ich fragen: Womit habe ich dich verletzt, mein Schatz?"**

Für die, die versuchen, nur aus ihrer Seele zu leben, klingt das nach Blödsinn. Sie kennen nur die Kraft der Gravitation, nicht die der Aerodynamik.

Paulus sagt: „Ihr Männer, liebt eure Frauen! wie auch der Christus die Gemeinde geliebt und sich selbst für sie hingegeben hat, ..." (Epheser 5,25) In 1. Johannes 4,16 steht: „Und wir haben erkannt und geglaubt die Liebe, die Gott zu uns hat. Gott ist Liebe, und wer in der Liebe bleibt, bleibt in Gott und Gott bleibt in ihm." Um diese zur Entfaltung zu bringen, empfehle ich noch folgende ergänzende Gedanken.

1. Es ist wichtig, dem Herrn hier dein Herz auszuschütten, sonst wirst du bitter. Sage Gott, wer du bist und wie es dir

geht – und dann lass dir von Ihm sagen, wer du bist. Wer das tut, reagiert nicht mehr aus der verletzten Seele heraus, sondern kann aus Gottes Geist heraus agieren.

2. Außerdem ist es wichtig, nicht mit anderen darüber zu reden – sonst baust du an einer eigenen Fangemeinde, die dein Selbstmitleid füttert. Das ist auch bei Krankheiten so. Erzähle nicht jedem von deiner Krankheit. Du streust es nur aus und wirst dann vorübergehend bemitleidet. Und dann sprichst du zu oft die Krankheit über dir selbst aus. Die Tochter des Jairus war tot. Jesus ignorierte ihren Tod. Er sagte: „Sie *schläft* nur." Jesus hat dabei nicht gelogen – Er hat die Dinge nur aus der Perspektive Gottes betrachtet. Auch Lazarus war tot. *Jesus hat dem Tod keine Aufmerksamkeit gewidmet, denn er sah bereits das Leben. Du musst bereits das Leben in deiner Ehe sehen, auch wenn sie noch ... schläft.*

   Auch für Beziehungsprobleme gilt die biblische Aussage: „Einer schlägt tausend, zwei schlagen zehntausend." (5. Mose 32,30) Das funktioniert zum Guten wie zum Schlechten. Wenn du mit einem anderen über dein Problem in schlechter Weise redest, kann der Prozess nach hinten losgehen. Statt im Geist siegreich aus der Situation zu kommen, badest du in Selbstmitleid unter dem Applaus deines Gesprächspartners. Du bewegst dich vollkommen im Seelischen und polemisierst gegen deinen Partner. Aus der Seele zu leben bedeutet aus eigener Kraft zu leben. Aus dem Geist zu leben bedeutet, aus Seiner Kraft zu leben.

3. Es hilft drittens auch nicht weiter, über negativen Fakten zu meditieren, denn das vergrößert nur den Schmerz, deine Wut und die negative Haltung zu deinem Partner. Statt dessen bete Gott an. Bete in Sprachen. Denn das tut dein Geist, und so kannst du dich selber erbauen. Bete Gott an – in Sprachen oder auf Hochdeutsch.

4. Fülle dich mit dem Wort Gottes, und du füllst dich mit Gott. Aus meiner Erfahrung als Seelsorger und als Pastor weiß ich, dass hier ein weit verbreitetes Problem liegt: Man nimmt zu wenig Wort in sich auf – dabei gibt es

Möglichkeiten, das zu tun, zum Beispiel indem man während der Autofahrt Kassetten hört. Die wirklichen Veränderungen geschehen durch das Wort Gottes. Wenn das Wort nicht in dir lebt, von innen nach außen, dann werden dir die Zehn Gebote von außen auch nicht helfen.

Heiligung der Sexualität

Gott ist ein heiliger Gott. Und weil Er heilig ist, müssen wir auch heilig sein. Es gibt keine unheilige Beziehung zu Gott. Gott und Sünde passen nicht zusammen. Wenn wir in Ihm bleiben wollen, dann müssen wir ganz in Ihm sein – Leib, Seele und Geist. Deswegen bedeutet das, wer im Geist leben will, der muss seine Sexualität heiligen. Sexualität an sich ist heilig und von Gott gegeben. Sie ist eine von Gottes besten Ideen für uns Menschen – leider haben wir die Sache in die eigene Hand genommen. Und was das bedeutet, das lesen wir in der Zeitung, das starrt uns in der Werbung an.

Ich merke einen Entwicklungsprozess in der Heiligung meiner Sexualität. Im Geist zu leben heißt, dass einige Dinge sterben müssen, damit bessere geboren werden. Diese Dinge haben zwar eine Auferstehungstendenz, aber sie müssen sterben. Was in der Regel nie stirbt, ist unsere Sexualität. Das Problem verschwindet also nicht, so lange die Hormone unsere Sexualität bestimmen. Es wäre auch traurig. Deshalb muss der Trieb ständig geheiligt werden, bis er besser läuft. Heiligung heißt, Gott wohlgefällig zu leben.

1. Ich muss sagen: Ja, das will ich. Ich will eine heilige, reine Sexualität.
2. Erst jetzt kann der Heilige Geist mir helfen. Erst jetzt kann ich seine Hilfe in Anspruch nehmen. Fokussiere deinen Trieb nur auf eine Person – deinen Ehepartner. Beim Fernsehen, im Internet, in der Videothek beten wir vorher: „Heiliger Geist, wir gehen gemeinsam in die Videothek. Heiliger Geist, wir schauen uns gemeinsam diesen Film an. Heiliger Geist, wir machen gemeinsam ein Kompliment an meinen Ehepartner."

3. Du wirst getestet werden, und vermutlich wirst du dich, wie jeder Mensch, von Zeit zu Zeit selbst enttäuschen. Jetzt musst du noch mehr mit dem Heiligen Geist zusammenarbeiten. Dies kann bedeuten, dass du seltener in Videotheken gehst, kontrolliert Fernsehen schaust, im Internet nur öffentlich surfst, weil du um deine eigene Gefährdung weißt. Darum bete: „Ich trage diese Last mit Deiner Kraft. Ich ertrage den Frust mit Deiner Liebe. Mein Partner kann mich zur Zeit nicht verstehen. Aber Du verstehst mich."
4. Gott lässt den Test zu wie bei Hiob. Er will wissen, ob du es ernst gemeint hast mit der geheiligten Sexualität.
5. Nach dem Test kommt der Segen. Nicht auf deinen Nachbarn, sondern auf dich, dein Haus, deinen Partner, deine Sexualität, deine Kinder, deinen Hund, deinen Goldfisch. Vorausgesetzt, du liebst deine Frau, wie Christus die Gemeinde, für die Er starb.

Es gilt, in unserem Leben mit Gott gemeinsam Land für Ihn einzunehmen. Dann gilt es, das eingenommene Land zu halten, um es schließlich zu kultivieren und die Früchte zu ernten und zu genießen.

Weisheit Gottes anzapfen

„Wenn aber jemand von euch Weisheit mangelt, so bitte er Gott, der allen willig gibt und keine Vorwürfe macht, und sie wird ihm gegeben werden" (Jakobus 1,5).

Jesus sagt zu seinen Jüngern, dass der Heilige Geist ihnen göttliche Dinge in den Mund legen würde. Das ist eine Form von Intelligenz, die die Welt nicht kennt. Die Person, die im Geist lebt, wird sagen, dass sie in ihrem Geist weiß, was Gott ihr sagt. Wir reden von übernatürlicher Kommunikation. Wer von euch weiß, dass Gott Informationen hat, die wir nicht haben? Die Intelligenz des Heiligen Geistes ist in deinem Geist.

Ich habe das selbst bei einer einfachen, ungebildeten Frau erlebt, die mit erstaunlicher Weisheit aus der Bibel lehrte. Lydia Löffert hatte nur wenig Schulbildung, und doch kamen Akademiker, Doktoren, Künstler scharenweise zu ihr, um ihr zuzuhören, wenn sie predigte. Und alle, alle waren fasziniert von dem Tiefgang und der Weisheit ihrer Predigt.

„‚Was kein Auge gesehen und kein Ohr gehört hat und in keines Menschen Herz gekommen ist, was Gott denen bereitet hat, die ihn lieben'", (die also in Ihm sind) (1. Korinther 2,9). Durch Anbetung in Geist und Wahrheit kommst du in die Dimension, dass Er dir Seinen Willen zeigt. Du verfügst über mehr Intelligenz als die, die du als Mensch in dir hast.

Der Geist in der Arbeitswelt

Der unfaire Vorteil der geistlichen Natur zeigt sich auch in der Arbeitswelt. Die sieht zwar bei jedem anders aus – manche haben Druck, andere Erfolg, wieder andere leben in der ständigen Angst vor der Entlassung. Es gibt verschiedene Verantwortungsebenen vom Hilfsarbeiter bis zum Chef. Und doch fließt das Leben Christi aus dir heraus auch an deinem Arbeitsplatz. Man kann mit dem Heiligen Geist zusammen seinen Arbeitsplatz meistern.

Ein paar einfache Grundregeln dazu sind:

1. Es gibt kein Betriebsklima. Ich und Christus in mir sind das Betriebsklima.
2. Wenn ich aus meinem Fleisch lebe, lebe ich aus meiner Kraft. Wenn ich aus dem Geist Gottes lebe, lebe ich aus Seiner Kraft. Wo muss ich aus Seiner Kraft leben?
3. Ich will Christus an meinem Arbeitsplatz sehen. Also frage ich Christus in mir, was Er tun will. Wie kann ich die anderen und das Unternehmen besser fördern? Wie bringe ich die Liebe Jesu hier unter? Was tut Jesus an meinem Arbeitsplatz?
4. Ich möchte die anderen höher achten als mich selbst, genauso wie Christus (Philipper 2,3). Was muss ich tun, um dieses Wort umzusetzen?

Ein Gemeindemitglied, das in einer Autofirma in verantwortlicher Position im Verkauf tätig ist, habe ich einmal nach dem

Geheimnis seines Erfolges gefragt. Er sagte: „Ich komme mit meinen Kollegen und Kunden deshalb so gut zurecht, weil ich sie jeden Morgen segne und das Gute in ihnen suche. Ich gebe aufmunternde Worte weiter und zeige jedem, dass ich ihn ernst nehme.“ Diese Niederlassung des Unternehmens hat über Jahre hinweg die besten Verkaufszahlen geschrieben. Es herrschte nicht der in solchen Unternehmen übliche Kampf um die höchste Provision, sondern das Klima in der Abteilung Verkauf war von freundschaftlichem Miteinander geprägt.

Frieden

Psalm 87,7 hat schon Recht: „... Und singend und den Reigen tanzend <werden sie sagen>: Alle meine Quellen sind in dir!“ Gott verspricht: Alles, was du brauchst, auch Frieden, findest du in Mir. Frieden findest du nicht in einem schönen Auto, einem anderen Mann, einer hübscheren Frau, einem schnelleren Computer, einem leiseren Hund. Du hast so viele Kleider, aber in deinem Kleiderschrank findest du auch keinen Frieden. Du findest Frieden auch nicht in einem Kind – und schon gar nicht in zweien.

Vor Jahrhunderten hat das Augustinus schon gewusst: „Unruhig ist mein Herz, bis es Frieden findet in Dir“ (Bekenntnisse).

Jeder von uns geht durch Stürme, und jeder von uns kennt Phasen von Druck. Als bei uns in der Gemeinde die Probleme rudelweise auftraten, hatte ich nachts Herzschmerzen und Druck auf der Brust. Ich dachte wirklich, ich bekomme einen Infarkt. Einmal kriegte ich keine Luft und jeder Atemzug tat weh. Panik stieg in mir auf. Mitten in der Nacht rang ich mich dazu durch, zu beten: „Gott, Du lebst in mir. In Dir habe ich alles, was ich für jetzt brauche. Jesus, Du bist der Friedefürst. Ich rufe Deinen Frieden ab. Frieden Gottes, falle auf mich. Ich rufe Deinen Frieden ab. Dein Friede strahle durch meine aufgewühlte Seele, meine Nerven. Seele, ordne dich dem Frieden Gottes unter.“ Wie Jesus sprach ich zum Sturm meiner Seele.

„Mein Friede reicht für die Situation nicht mehr, ich nehme Deinen." Der Friede kam, und mit ihm beruhigte sich der Herzkasper. Ich dankte Gott und hatte anschließend innigste Gemeinschaft mit Ihm.

Mitten in der Hektik unseres Lebens gibt es einen Ort der Stille und des Friedens. Es ist die Abhängigkeit von Gott, das Bewusstsein von Christus in mir. Jeder kann hier Zugang zum höheren Frieden Gottes finden. Um ihn zu erlangen, können wir Folgendes tun:

1. Verschließe die Tür deiner fünf Sinne, indem du jede Ablenkung, jedes störende Geräusch ausschaltest.
2. Nimm eine empfangsbereite Haltung ein. Strebe nach dem inneren Frieden, der bereits in deinem Geist wohnt.
3. Werde durch Anbetung eins mit Gott.
4. Bedenke: Aller Segen, den du brauchst, befindet sich bei Gott und wartet nur darauf, von dir abgeholt, von deiner Seele und deinem Bewusstsein angezapft zu werden.
5. Sprich zu dir selbst: „Ich (Name) entspanne mich. Seele, entspanne dich und bete Gott an." Nachdem wir mit unserer Seele gesprochen haben, sprechen wir jetzt mit Gott.
6. „Gott, Deine Liebe erfülle meinen Geist und mein Herz. Ich lege alle meine Probleme an die Seite und lasse sie los und richte meine Aufmerksamkeit auf Dich. Ich danke Dir für Deinen Frieden, der mich jetzt mehr und mehr durchströmt."

Höheren inneren Frieden finden wir immer dann, wenn unser Geist in Gott ruhend Herrschaft über Seele und Körper ausübt.

Du kannst durch einen Sturm gehen – egal was für einer es auch sein mag. Ein Finanzsturm, ein Ehesturm, ein Isolationssturm – denk an Jesus, der mitten im Sturm in einem Boot schlief. Erst mitten im Sturm erkennen wir Gottes Wirklichkeit, wie wir sie noch nie gekannt haben.

Ich habe Frieden in mir, weil der Friedefürst in mir lebt. Ich bin gesegnet, denn der Segner lebt in mir. Du brauchst eigentlich nur eine Schriftstelle, in der all das drin steht, nämlich

Epheser 1,3: „Gepriesen sei der Gott und Vater unseres Herrn Jesus Christus. **Er hat uns gesegnet mit jeder geistlichen Segnung in der Himmelswelt in Christus**."

> „Vater, ich danke Dir, dass ich mit allen Segnungen gesegnet bin. Allem Segen. Liebe ist ein Segen, mit dem ich gesegnet bin. Freude ist ein Segen, mit dem ich gesegnet bin. Ich rufe diese Freude, diese Liebe, diesen Segen ab, wann immer ich ihn brauche."

Anfang des Jahres war ich in einer solchen Situation. Durch eine Erkältungskrankheit war ich noch fiebrig und zittrig. Da kam meine älteste Tochter auf mich zu und fragte: „Papa, kannst du das aufbauen und installieren?" Sie war mit meiner Frau bei Ikea gewesen und hatte etliche Kompliziertheiten zur Verschönerung ihres Zimmers mitgebracht. Ich bin kein Handwerker. Ich habe schlechtes Werkzeug, kein Selbstbewusstsein als Handwerker – und das, weil ich realistisch bin. Aber ich hatte gerade diese Wahrheit aus Epheser 1,3 entdeckt. Ich liebe meine Tochter, also half ich ihr. „Christus in mir, du bist ein Handwerker. Du warst ja Schreiner. Nicht ich bringe das zustande, sondern Christus in mir." Ich sagte das auch noch zu Sabine, meiner Frau. Dann legte ich los. Meine Hände zitterten. Unter seiner Handwerkssalbung habe ich es vollbracht – am Ende war alles installiert und aufgebaut, so schön wie im Katalog. Ich wusste: Das warst nicht du, das war die Segnung in dir. Für mich persönlich war das ein größeres Wunder als zum Beispiel eine Krankenheilung, die ich ja regelmäßig erleben darf.

Ein andermal war ich in einem Stimmungstief. Der Seelenblues setzte voll ein und wollte mich fortreißen. Da fiel mir ein: „Denn wer in einer Sprache redet, redet nicht zu Menschen, sondern zu Gott; denn niemand versteht es, *im Geist* aber redet er Geheimnisse" (1. Korinther 14,2). Wer in einer Sprache redet (Geistessprache), der erbaut sich selbst *im Geist* (Vers 4: „Wer in einer Sprache redet, erbaut sich selbst; wer aber weissagt, erbaut die Gemeinde."). Also redete ich in Sprachen, bis die dunklen Wolken von meinem Gemütshimmel verzogen waren, und der Blues verschwand. Ihr Lieben, die Wahrheiten über den unfairen Vorteil der geistlichen Natur sind so praktisch, und sie funktionieren!

Vergebung

In Matthäus 18,21-22 lesen wir: „Dann trat Petrus zu ihm und sprach: Herr, wie oft soll ich meinem Bruder, der gegen mich sündigt, vergeben? Bis siebenmal? Jesus spricht zu ihm: Ich sage dir: Nicht bis siebenmal, sondern bis siebzigmal sieben<mal>!“

Vergebung ist oftmals eine schwierige Sache, die wir selbst bei gutem Willen nicht auf Anhieb glanzvoll hinkriegen. Wenn der Schmerz tief sitzt, dann sollten wir aus einer höheren Kraft heraus vergeben. Diese Kraft ist in Seiner Kraft, die wir in Anspruch nehmen sollten. Gleichzeitig dürfen wir dann erleben, dass der, der uns diese Kraft gibt, auch unsere verwundete Seele tröstet und heilt. Wenn wir den Prozess bejahen, dann können wir folgendes Gebet beten:

> **„Jesus, ich ziehe Deine Lebenskräfte der Vergebung an. Danke, dass Deine vollkommene Kraft zur Vergebung in mir wohnt, weil Du in mir wohnst. Du selbst betetest: Vater, vergib ihnen, denn sie wissen nicht, was sie tun. Ich (NAME) vergebe ____________________ (Name der Person, der du vergibst), denn er/sie weiß nicht, was sie tut. Jesus, in Deiner und meiner Kraft vergebe ich dieser Person (Name) vollständig. Ich wünsche ________________ ihm oder ihr all Deinen Segen. Ich gebe diese Person geistlich frei.“**

Gegebenenfalls sollte man dieses Gebet auch über eine längere Zeit noch so lange wiederholen, bis alle negativen Gefühle verblasst sind. Nicht umsonst erwähnte Jesus die Siebenmal-Siebzig Regel auf die Frage, wie oft wir vergeben müssen.

Identitätsbildung zum neuen Bewusstsein am Wort

Die Bibel betont, dass Gott und Sein Wort eins sind. Das wiederum bedeutet, dass je weniger Gottes Wort in mir Eingang findet, um so weniger wird Gottes Fülle an und in mir sichtbar sein. Die gute Nachricht aber lautet: *Je mehr Gottes Wort in mir ist und durch Glauben lebt, um so mehr ist Gott selbst in mir vorzufinden*!

Wachstum unseres Geistes geschieht zum einen durch Identitätsbildung am Wort Gottes.

Je mehr ich mir Gottes Wort aneigne und glaubensvoll in mir trage, um so mehr gestaltet sich mein Leben ganz neu in Gottes Bahnen und Bestimmungen. Aus diesem Grund wollen wir studieren, was das Wort Gottes zu unserer neuen Identität in Gott aussagt.

Aufgrund der Wiedergeburt bin ich gemäß 1. Korinther 3,16 und 6,19 ein Tempel, anders formuliert, ein Wohnsitz des lebendigen Gottes geworden. Gott hat also eine konkrete Adresse hier auf Erden, die deinen Namen trägt. Wenn Gott in dir wohnt, wohnen auch all Seine Segnungen in dir, die du für dein Leben und deinen Auftrag brauchst. Gottes Geist selbst wohnt in dir und dein Geist ist ein Geist mit Ihm (1. Korinther 6,17: „Wer aber dem Herrn anhängt, ist *ein* Geist <mit ihm>". Du hast also den Sinn Christi in dir (1. Korinther 2,16).

Durch die Wiedergeburt bin ich gemäß 2. Korinther 5,17 eine neue Schöpfung in Gott. Altes ist vergangen, Neues ist geworden. Ein Ausdruck dieser neuen Schöpfung ist ein neues Bewusstsein, das sich kraftvoll entfaltet. Denn Gottes Geist gibt Zeugnis deinem Geist, dass du Gottes Kind bist (Römer 8,16).

Die Natur des reifen Christen

Der freigesetzte Geist

Bei diesem Bild ist der geistliche Wachstumsstillstand behoben und Gottes Geist kann sich frei mitteilen und ohne Hindernisse Seine Gaben austeilen. Prophetisches Reden Gottes, Geistesleitung, Früchte und Gaben des Geistes sowie Zeichen und Wunder gehören zum Alltag eines solchen Lebens.

Offenbarungswissen, Intuition und göttliche Eingebungen erreichen uns über unseren Geist. In Markus 2,8 heißt es: „Und sogleich erkannte Jesus in seinem Geist, dass sie (gemeint sind die Schriftgelehrten) so bei sich überlegten, und spricht zu ihnen: Was überlegt ihr dies in euren Herzen?“ Offenbarungswissen und gottgeschenkte Erkenntnisse kommen vom Geist Gottes direkt in unseren wieder geborenen Geist, wenn dieser offen, geheiligt und auf Gott ausgerichtet ist. Durch deinen Geist kannst du so um Dinge wissen, die um dich herum niemand sonst wissen kann. Intuitiv erfasst oder weißt du etwas über einen Menschen oder eine Situation, weil Gott dir Seine Informationen durch Seinen Geist zukommen lässt. Prophetische Worte, Impulse, Worte der Erkenntnis und Offenbarung über Gott kommen aus einer tief entwickelten Geist-zu-Geist-Beziehung. Gott möchte weder

Sein Reden noch Seine göttlichen Informationen zurückhalten.

Das wiederum heißt, dass uns durch die Gemeinschaft mit dem Heiligen Geist zunehmend bewusst wird, wer wir in Gott sind. Durch Jesus hast du nun direkten Zugang zu Gott (Epheser 2,18). Die wunderbare Folge bedeutet: Ich bin nicht mehr alleine auf meine menschliche Sinneserkenntnis begrenzt, sondern habe den göttlichen Zusatzbonus, der mir durch den Heiligen Geist in mir als Gottes Offenbarungserkenntnis zugänglich gemacht wird. Der Geist Gottes teilt mir göttliche Geheimnisse und Offenbarungen mit.

Spätestens hier sollte mir bewusst werden, dass ich gegenüber den „normalen" Menschen ohne Gott einen enormen Vorteil habe. Einerseits bin ich wie alle anderen ein Erdenmensch, andererseits bin ich aber auch ein Geistesmensch. Zu meiner neuen Identität gehört nun auch, dass meine Heimat die himmlische Welt ist, in der ich gemäß Paulus' Aussage laut Philipper 3,20 Bürgerrecht habe, gemäß Epheser 2,6 jetzt schon mit Christus sitze und in die ich nach Kolosser 1,13 schon jetzt versetzt bin.

Wenn du nun, lieber Leser, in dieser Offenbarung wächst, dass zu deiner neuen Identität in der himmlischen Welt mit all ihren Vorzügen auch Segnungen gehören, wirst du mehr und mehr deinen Auftrag in dieser Welt erkennen. Die Bibel sagt, dass wir Gläubige Botschafter an Christi Statt sind. Genauso wie es in fremden Ländern jeweils eine deutsche Botschaft mit Botschaftern gibt, so sind wir, du und ich, Botschafter an Christi Statt hier auf Erden. Gemäß 1. Petrus 2,11 könntest du sagen: „Ich bin ein Fremdling in dieser Welt, in der ich nur vorübergehend lebe." Dort ermahnt Paulus die Gemeinde:

„Geliebte, ich ermahne <euch> als Beisassen und Fremdlinge, dass ihr euch der fleischlichen Begierden, die gegen die Seele streiten, enthaltet, ..."

Das Wort und das Geheimnis seiner Wirksamkeit

„Im Anfang war das Wort, und das Wort war bei Gott, und das Wort war Gott. Dieses war im Anfang bei Gott. Alles wurde durch dasselbe, und ohne dasselbe wurde auch nicht eines, das geworden ist. In ihm war Leben, und das Leben war das Licht der Menschen. Und das Licht scheint in der Finsternis, und die Finsternis hat es nicht erfaßt" (Johannes 1,1-5). Unser Universum entstand durch Worte (1. Mose 1,14-19). „Der Geist ist es, der lebendig macht; das Fleisch nützt nichts. Die Worte, die ich zu euch geredet habe, sind Geist und sind Leben ..." (Johannes 6,63). „Und das Wort wurde Fleisch und wohnte unter uns, und wir haben Seine Herrlichkeit angeschaut, eine Herrlichkeit als eines Eingeborenen vom Vater, voller Gnade und Wahrheit" (Johannes 1,14). Das Wort, das Fleisch wurde und unter uns wohnte, war Jesus selbst. Im Psalm 107,20 heißt es: „Er sandte Sein Wort und heilte sie, Er rettete <sie> aus ihren Gruben." Wer war das Wort, das sie heilte? Jesus war das Fleisch gewordene Wort. Jesus und Sein Wort sind eins. Der Soldat sagte zu Jesus: „Sprich nur ein Wort, so wird mein Knecht gesund" (Lukas 7,7). Jesus gab das Wort, und der Diener wurde geheilt. Wieder sehen wir, dass Jesus und das Wort eins sind. „Wenn wir das Wort predigen, predigen wir Christus. Nehmen wir Sein Wort auf, dann nehmen wir Ihn auf", sagte E.W. Kenyon mit Recht.

Das Wachstum unseres Geistes geschieht durch eine Identitätsbildung am Wort Gottes. Je mehr du das Wort aufnimmst, um so mehr von Gott nimmst du auf. Deshalb heißt es auch in Kolosser 3,16: „Das Wort des Christus wohne reichlich in euch; in aller Weisheit lehrt und ermahnt euch gegenseitig! Mit Psalmen, Lobliedern und geistlichen Liedern singt Gott in euren Herzen in Gnade!" Ergänzend lesen wir in Johannes 15,7: „Wenn ihr in Mir bleibt und Meine Worte in euch bleiben, ..." was passiert dann? Die dynamischste Verheißung, die ich kenne, wird hier freigesetzt. „Wenn ihr in Mir bleibt und Meine Worte in euch bleiben, so werdet ihr bitten, was ihr wollt, und es wird euch geschehen." In Vers 8 lesen wir auch, was das ist: Frucht.

In Apostelgeschichte 12,24 lesen wir: „Das Wort Gottes aber wuchs und mehrte sich." „Meine Worte sind Geist und sind Leben" (aus Johannes 6,63). Das Wort ist lebendige Materie, raumgreifend. Alles, was lebt, wächst. Was nicht mehr wächst, stirbt. Sein Wort muss in uns wachsen. Das Wort Gottes wuchs im Geist der Jünger und gewann zunehmend die Vorherrschaft und Durchschlagskraft in ihrem Leben. Die Folgen waren Durchbrüche im Dienst und eine rasche Ausbreitung des Evangeliums. Lesen wir hierzu auch Apostelgeschichte 6,7: „Und das Wort Gottes wuchs, und die Zahl der Jünger in Jerusalem mehrte sich sehr; und eine große Menge der Priester wurde dem Glauben gehorsam."

Warum hatten die Jünger diesen sagenhaften Erfolg?

Ihre Worte hatten die gleiche Substanz und Kraft, als wenn Jesus selbst gesprochen hätte. Sie sprachen mit Autorität und erlebten gewaltige Gebetserhörungen, denn das Wort (Christus) hatte seinen Platz in ihnen eingenommen. Dadurch, dass wir in Jesus sind und Sein Wort in uns ist, nehmen wir Seinen Platz hier auf Erden ein. Werde dir Gottes Gegenwart in Seinem Wort bewusst. Seine Worte verdichten sich in dir zu einer Glaubensgewissheit, die handeln will. Das lebendige Wort Gottes bleibt nicht ohne Auswirkungen, es muss sich praktisch in unseren Taten umsetzen.

Wenn Sein Wort in dir lebendig wird

Ich selber habe erlebt, was passiert, wenn man das Wort Gottes ernst nimmt. In meinem Dienst habe ich mir bewusst Gottes Worte zum Thema Heilung vorgenommen und diese verstoffwechselt und verinnerlicht. Dadurch wuchs und reifte der Glaube bezüglich Heilung immer stärker in mir, so dass allmählich die mächtige Folge davon viele Heilungen und Bekehrungen waren und sind. Gottes Wort über Heilung hatte irgendwann die Oberhand über meine Sinneserkenntnis, meinen Rationalismus und meine subjektive Gefühlswelt gewonnen. All das bedeutet nichts anderes, als dass das Wort über Heilung in meinem Geist allmählich die Vorherrschaft über mich bekam. Mein inneres Glaubensbekenntnis bezüglich der Heilung war nicht mehr so schwankend wie früher, weil das Wort über Heilung allmählich in mir zu Glaubenssubstanz wurde, die Resultate nach sich zog.

In Sachen Heilung hat allmählich mein Geist die Vorherrschaft über meine Seele übernommen: „Denn das Wort Gottes ist lebendig und wirksam und schärfer als jedes zweischneidige Schwert und durchdringend **bis zur Scheidung von Seele und Geist**, sowohl der Gelenke als auch des Markes, und ein Richter der Gedanken und Gesinnungen des Herzens; ..." (Hebräer 4,12). Was macht ein zweischneidiges Schwertwort? Es durchdringt bis zur Scheidung von Seele und Geist. Das Wort Selbst befreit mich von der vorherrschenden Dominanz der fleischlichen Seele.

Mir wurde klar, dass in vielen Bereichen meines Lebens das Wort nicht die Oberhand hatte. Deswegen sah ich zu wenig vom Heiligen Geist. *Wenn das Wort in uns wächst und allmählich die Oberhand gewinnt, können wir tatsächlich tun, was Jesus sagt, dass wir es tun können. Wir können haben, was Er sagt, dass wir es haben können.* Durch Sein in uns lebendes Wort werden wir zu Teilhabern Seiner Natur und nehmen so den Platz Jesu auf Erden ein. Lasst uns nochmals Johannes 15,7 lesen: „Wenn ihr in Mir bleibt und Meine Worte in euch bleiben, so werdet ihr bitten, was ihr wollt, und es wird euch geschehen." Vielleicht macht diese Schriftstelle für dich jetzt mehr Sinn. Warum ist das Wort bei vielen von uns so schwach?

Wenn unser Sinn nicht vom Wort erneuert wurde, liegt das lebendige Wort Gottes, egal, wie sehr wir es auswendig gelernt haben, kraftlos in uns. Wir mögen es jahrelang studiert haben, sogar liebevoll bejahen, wenn wir es letzten Endes jedoch nicht voll Vertrauen glauben, bleibt es wirkungslos. Wir mögen das Wort vielleicht annehmen, für wahr halten, jedoch ohne entsprechende Werke, die sich mit unserem Glauben verbinden, bleibt es fruchtlos.

Wie wächst das Wort Gottes in uns?
Um Ergebnisse zu erzielen, müssen wir

1. Unseren Sinn mit dem Wort erneuern (Römer 12,2).
2. Das Wort muss in unserem Geistesleben die Vorherrschaft über das Fleisch haben.
3. Wir müssen entsprechend dem Wort handeln und leben (Johannes 15,7).
4. Wir müssen die im Wort innewohnende Kraft in Anspruch nehmen und im Glauben handeln (Jakobus 2,14-26).
5. Wir leben in verbindlicher Gemeinschaft mit Gott.

Jetzt macht Johannes 15,7 noch mehr Sinn. „Wenn ihr in Mir bleibt und Meine Worte in euch bleiben, so werdet ihr bitten, was ihr wollt, und es wird euch geschehen.“ Das „Bleiben“ sorgt dafür, dass das bloße Auswendiglernen von Bibelversen sich nicht notwendigerweise auf die Leuchtkraft des Christseins auswirken muss. Bibelverse dahersagen ist keine Wortmagie. Die Grundlage für die Wirksamkeit Seines Wortes in uns ist unsere Beziehung zum Vater. Den Weg dazu zeigt Jesus. Der Heilige Geist offenbart uns die Wahrheiten, die wir brauchen. Und dann können wir wie Jesus auch mitten in unserem Leben das tun, was wir den Vater in diesem Moment tun sehen.

Entwicklung der Beziehung zu Gottes Geist und das Übernatürliche

Der 1948 verstorbene Autor Dr. E.W. Kenyon bemängelte, dass im Gegensatz zum Christentum, das größtenteils nur auf Sinneserkenntnis baut, Spiritisten und Medien ihren von Gott unerneuerten Geist kultivieren und dem Teufel zur Ausbildung übergeben. Somit sei der menschliche Geist unter dämonischem Einfluss und auch zu wundersamen Dingen fähig. In seinem Buch „Bibelkurs für Fortgeschrittene“ schreibt er: „Wie wenig haben wir die Tatsache gewürdigt, dass der Glaube, den Jesus ausübte, und den die Gemeinde über Jahrhunderte hinweg demonstriert hat, das Produkt des neu geschaffenen menschlichen Geistes ist" (S. 378).

Der menschliche Geist ist also unsere primäre Kontaktstation zu Gottes Qualitäten, Segnungen, Fähigkeiten und Glauben. Bei unserer Wiedergeburt nehmen Gottes Gegenwart und Glaubensnatur ihren Wohnsitz nicht in unserem Verstand, sondern in unserem Geist ein. Gott selbst, der Anfänger und Vollender unseres Glaubens, legt Seine Glaubensnatur in uns an. Somit kann unser menschlicher Geist den Berge versetzenden Glauben Gottes in sich beherbergen und durch Entwicklung am Wort Gottes kultivieren, um ihn dann anzuwenden – was Gott gefällt. Kraftwirkungen, Wunderkräfte, Zeichen und Wunder sowie Heilungen sind Qualitäten, die nicht der menschlichen Seelenkraft entspringen, sondern von einem Menschen freigesetzt werden, der von Gottes Geist erfüllt ist. Die übernatürliche Seite, die dem Christentum innewohnt, ist um Vielfaches mächtiger als das, was Spiritisten, Satanisten, Medien und Geistheiler sowie Wahrsager vorzubringen vermögen. An die Überlegenheit eines Moses gegenüber den ägyptischen Magiern oder eines Elias gegenüber den Baalspriestern oder eines Jesus gegenüber einem mit einer Legion Teufel besetzten Gadareners hat sich bis zum heutigen Tag nicht ein Deut geändert. Gott ist derselbe gestern, heute und in Ewigkeit. Genau diese Überlegenheit an Kraft und Salbung müssen Christen immer wieder durch Glauben und entsprechenden Lebensstil ausleben, damit Tausende von Menschen vom Reich der Finsternis ins Reich Gottes strömen.

Das Christentum unserer Tage braucht eine radikale Umorientierung. Wir müssen begreifen, dass alle Erkenntnisse, die wir haben, zwar wichtig sind, aber noch lange keine göttliche Kraft hervorbringen. Lange Zeit war ich ein ungläubiger Gläubiger. Ich glaubte an Jesus, was ohnehin das Wichtigste am Glauben ist, aber ich glaubte nicht an den Rest dessen, was wir an Aussagen über das Übernatürliche in der Bibel vorfinden. Ich bin dankbar, dass dies nicht so bleiben muss. Für mich reicht es inzwischen nicht mehr, nur an Jesus, den Retter, zu glauben. Ich weiß, dass wir Seine Aussagen ganz im buchstäblichen Sinne glauben dürfen. Der einzige Teil der Bibel, der jemals für uns funktionieren wird, ist der, den wir glauben, bekennen und befolgen. Wenn Sein Wort so tief in unserem Herzen verankert ist, dass wir es besitzen, erleben wir die Kraft Seines Wortes.

„Lass sie (die Worte der Weisung) nicht aus deinen Augen weichen, bewahre sie im Innern deines Herzens! Denn Leben sind sie denen, die sie finden, und Heilung für ihr ganzes Fleisch" (Sprüche 4,21-22). Wenn wir die Bahn gewohnter Denkmuster für eine Zeit verlassen und unseren Geist mit bewusstseinsbildenden (Christus-in-uns-Bewusstsein) und glaubensstärkenden biblischen Worten füttern, erleben wir eine überraschende Weiterentwicklung in unserem praktischen Glaubensleben.

Je tiefer diese Worte in unser Bewusstsein und Unterbewusstsein eindringen, um so stärker entfalten sich die in ihnen innewohnenden Wahrheiten in unserem Leben. Lähmende Denkgebäude, die der Problemerhaltung dienten, fallen in sich zusammen, weil ein neues Bewusstsein und eine neue Identität in Christus in uns heranreifen. Die nun folgenden Schriftstellen, die sich in meinem Leben hervorragend bewährt haben, gebe ich hier gerne auch an dich weiter. Mein Vorschlag ist: Lerne sie auswendig oder sprich sie dir auf eine Kassette, die du dir regelmäßig anhörst.

Wir haben Seine Fülle und sind in Ihm zur Fülle gebracht

„Der Dieb kommt nur, um zu stehlen und zu schlachten und zu verderben. Ich bin gekommen, damit sie Leben haben und <es in> Überfluß haben." (Als Gottes Kinder werden wir zu Teilhabern dieses überfließenden Lebens – Johannes 10,10.)

„Gesegnet sei Gott und Vater meines Herrn Jesus Christus, der mich mit jedem geistlichen Segen der Himmelswelt gesegnet hat in Christus" (Epheser 1,3).

„In Christus allein wohnt wirklich und wahrhaftig die Heilsmacht Gottes in ihrer ganzen Fülle, und **durch Ihn allein wird euch die Fülle des Heils zuteil**, nicht durch irgendwelche anderen Mächte. Denn Christus ist das Oberhaupt jeder Macht und Gewalt im ganzen Kosmos" (Kolosser 2,9-10).

„Mein Gott aber wird alles, wessen ihr bedürft, erfüllen nach seinem Reichtum in Herrlichkeit in Christus Jesus" (Philipper 4,19).

„Gott aber vermag euch jede Gnade überreichlich zu geben, damit ihr **in allem allezeit alle** Genüge habt und überreich seid zu jedem guten Werk; . . ." (2. Korinther 9,8).

„Dem aber, der über alles hinaus zu tun vermag, über die Maßen mehr, als wir erbitten oder erdenken, gemäß der **Kraft, die in uns wirkt,** . . ." (Epheser 3,20).

Wir sind Überwinder in Ihm

„Denn alles, was aus Gott geboren ist, überwindet die Welt; und dies ist der Sieg, der die Welt überwunden hat: unser Glaube" (1. Johannes 5,4).

„Aber in diesem allen sind wir mehr als Überwinder durch den, der uns geliebt hat" (Römer 8,37).

„Denn Gott ist es, der in euch wirkt sowohl das Wollen als auch das Wirken zu <seinem> Wohlgefallen" (Philipper 2,13).

„. . . indem wir hinschauen auf Jesus, den Anfänger und Vollender des Glaubens, der um der vor Ihm liegenden Freude willen die Schande nicht achtete und das Kreuz erduldete und Sich gesetzt hat zur Rechten des Thrones Gottes" (Hebräer 12,2).

„Wenn ihr in Mir bleibt und Meine Worte in euch bleiben, so werdet ihr bitten, was ihr wollt, und es wird euch geschehen" (Johannes 15,7).

Du bist Teilhaber der göttlichen Natur

Gemäß 2. Petrus 1,4 sind wir Teilhaber seiner göttlichen Natur. Wir sind berufen und haben Seine Verheißungen, „. . . damit ihr durch sie Teilhaber der göttlichen Natur werdet." (Wir müssen begreifen, dass Seine Fähigkeiten zu unseren Fähigkeiten werden und Seine Stärken zu unseren.)

„Daher, wenn jemand in Christus ist, so ist er eine neue Schöpfung; das Alte ist vergangen, siehe, **Neues ist geworden**" (2. Korinther 5,17).

Glauben

„Denn alles, was aus Gott geboren ist, überwindet die Welt; und dies ist der Sieg, der die Welt überwunden hat: unser Glaube" (1. Johannes 5,4).

„‚Mein Gerechter aber wird aus Glauben leben'; und: ‚Wenn er sich zurückzieht, wird Meine Seele kein Wohlgefallen an ihm haben'" (Hebräer 10,38).

Das Wort trennt Geist und Seele

„Denn das Wort Gottes ist lebendig und wirksam und schärfer als jedes zweischneidige Schwert und durchdringend bis zur Scheidung von Seele und Geist, sowohl der Gelenke als auch des Markes, und ein Richter der Gedanken und Gesinnungen des Herzens" (Hebräer 4,12). Matthäus 26,41 sagt uns, dass der Geist willig ist, aber das Fleisch schwach. Aus diesem Grund muss der Geist gestärkt werden. Das geschieht durch das Wort. Gleichzeitig trennt dieses Wort Geist und Seele voneinander, so dass die Geistesnatur sich besser entwickeln kann. Warum scheidet das kraftvolle Wort Geist und Seele und Leib voneinander? Weil die im Wort noch unkultivierte Seele den Geist umwickelt und ihn blockierend behindert. Das unvermischte oder unverdünnte Wort Gottes ist wie eine Substanz, die uns allmählich durchdringt und göttliche Klarheit in unsere Gedanken und Gefühle bringt.

Ein Beispiel für Herrschen im Geist aus der Kirchengeschichte: Die meisten Menschen sind von den Befunden ihres Seelen-EKGs abhängig. Der Ausschlag am Seelenbarometer bestimmt ihr Befinden. Einst wurde Smith Wigglesworth von einem guten Freund gefragt, „Wie geht es dir?" Der Freund erhielt eine seltsame Antwort. Denn Smith sagte: „Ich sage meiner Seele, wie es mir geht. Mir geht es bestens." Mit anderen Worten sagte er: Mein Geist ist nicht abhängig von den Ausschlägen meines Seelenbarometers, meine Stimmung ist wetterfest. Genau das ist das Motto der Christen, die sagen: Die Freude am Herrn ist meine Kraft – ganz egal, wie die Umstände sind, in denen ich mich befinde.

Allerdings haben viele von uns diesen Satz schon aus dem Munde von Glaubensgeschwistern gehört – und wir haben dabei so ein seltsames Unwohlsein gefühlt. Woran lag das? „Gott ist Geist, und die ihn anbeten, müssen in Geist und Wahrheit anbeten" (Johannes 4,24). Wir Christen sind der Wahrheit verpflichtet. Wenn wir sagen, es ginge uns gut, obwohl es das nicht tut, lügen wir. Und wer der Vater der Lüge ist, wissen wir. Nur, wenn wir wirklich bei Gott geborgen sind, nur wenn unsere Seelenstürme wirklich in Seinen Händen liegen, nur wenn wir tatsächlich mit all unseren Problemen auf Seinen Schoß gekrabbelt sind und Ihm alles erzählt haben, nur dann können wir auch von diesem Ort und aus dieser Beziehung heraus die Sicherheit haben, dass es uns trotz aller Umstände gut geht. Darum geht es auch im nächsten Kapitel.

Beziehung, das Gaspedal für die Vollmacht

Vor zwei Jahren machte ich in Vorbereitung auf einen Heilungsgottesdienst einen Gebetsspaziergang über ein offenes Feld. In meinen Gebeten fragte ich Gott, warum wir so wenig von Seinem übernatürlichen Wirken in Deutschland erleben. Immer noch im Gebet versunken, hatte ich plötzlich eine offene Vision mitten auf dem Feld: Ich sah vor mir eine überdimensionale, riesengroße Taube, von der Hunderte von Riesenfedern herabfielen. Unter der Taube waren Tausende von Menschen zu sehen und zu erkennen. Sie alle waren dabei, diese drei bis vier Meter langen Federn einzusammeln, wobei je zwei bis vier Personen je eine Feder vorsichtig auf ihrer Schulter trugen.

Die erste Gruppe trug ihre Feder in einen Versammlungsraum und befestigte diese aufrecht in der Mitte des Saales. Danach tanzten die Menschen Tamburin spielend voller Freude um ihre neue Errungenschaft. Eine zweite Gruppe hatte für ihre Feder eine Glasvitrine gefertigt. Als die Feder in der Vitrine platziert war, sah man, wie Menschen in dieser Gruppe sich ehrfurchtsvoll in andächtiger Weise vor der Vitrine niederknieten. Eine dritte Gruppe, die eine große Feder in ihren Versammlungsraum getragen hatte, fing an, mit der Feder zu spielen. Die Menschen fächerten sich mit der Feder gegenseitig Wind zu. Es dämmerte mir, dass diese Menschen wahrscheinlich auf irgend eine Weise mit der so genannten Toronto-Bewegung zu tun haben mussten.

Die Interpretation, die ich für die Bedeutung der Federn während des Gebetes erhielt, war folgende: „Andreas, die Federn sind meine Geschenke, Segnungen, Heilungen, und Salbungen, die ich für mein Volk habe“. „Okay,“ sagte ich, „Gott, aber warum haben wir trotz der Federn so wenig Vollmacht?“

Gottes Antwort darauf war: „*Weil Mein Volk immer wieder die Tendenz hat, eine Beziehung zu der Feder aufzubauen anstatt zur Taube.* Ich gebe immer wieder neue Bewegungen Meines Geistes, doch sie entwickeln keine feste Beziehung zu Meinem Geist."

Bildlich gesprochen verhält sich die unbevollmächtigte Gemeinde wie ein kleiner Junge, der eine Tafel Schokolade geschenkt bekam. Er aß das Papier auf und warf die Schokolade weg. Wenn wir Gottes Vollmacht in unserem Leben sehen wollen, gibt es über die Segnungs- und Salbungsveranstaltungen keine wirkliche Abkürzung für ein Leben in Vollmacht. Bringen wir es auf den Punkt: Unsere Vollmacht ist in unserer Beziehung zu unserem Gott gegründet. Ohne Beziehung gibt es keine Vollmacht. Mit Beziehung allerdings gibt es unbegrenzte Vollmacht.

Es bleibt also bei der biblischen Formel: „... Aber das Volk, das seinen Gott kennt, wird sich stark erweisen und entsprechend handeln" (Daniel 11,32). Gerade dieses Kapitel möchte ich dem Beziehungsaufbau zu unserem Herrn Jesus Christus widmen.

Als Adam und Eva noch im Paradies lebten, hatten sie noch eine innige Gemeinschaft mit Gott. Diese war eine offene Geist-zu-Geist-Beziehung. Da mit unserem geistlichen Tod, dem Sündenfall, auch die Geist-zu-Geist-Beziehung zu Gott erlosch, war der Mensch ganz alleine auf seine Sinne zurückgeworfen, nur auf sie angewiesen. Aus diesem Grund vernimmt der natürliche Mensch nicht, was vom Geist Gottes ist *(1. Korinther 2,14).* Der Mensch verlor also nicht nur das Paradies, sondern auch die Dimension seines für Gott offenen Geistes, des offenen und direkten Umgangs mit Gott. Das Desaster wird uns in Römer 8,7 wie folgt beschrieben: „Darum, weil die Gesinnung der Sinne Feindschaft wider Gott ist, denn sie ist dem Gesetz Gottes nicht untertan, sie kann es auch nicht." Dieses Problem hebt sich auch erst mit unserer Wiedergeburt auf. „Daher, wenn jemand in Christus ist, so ist er eine neue Schöpfung; das Alte ist vergangen, siehe, Neues ist geworden" (2. Korinther 5,17). Unser Geist wird neu, darüber hinaus setzt bei den meisten von uns in Seele und Leib ein Erneuerungsprozess ein. Wir sind nun wieder in der Lage, Gottes Stimme zu hören, wenn wir uns Gott ganz hingeben und der Stimme des Geistes Gottes gehorchen, die zu uns spricht.

Weisheit, Glauben und von Gott geschenkte Offenbarungen sind Qualitäten, die der Dimension Geist entspringen, die der wieder geborene Geist von Gott empfangen kann. Sie entstehen, wenn wir in unserem Leben die richtigen Prioritäten setzen. Nicht umsonst sagt Jesus: „Bittet, und es wird euch gegeben werden; sucht, und ihr werdet finden; klopft an, und es wird euch geöffnet werden! Denn jeder Bittende empfängt, und der Suchende findet, und dem Anklopfenden wird geöffnet werden" (Lukas 11,9+10).

Gott möchte von uns nicht nur gebeten werden, sondern Er möchte auch, dass wir Ihn, Seine Gegenwart und Salbung suchen. Suchen ist ein anhaltender Prozess, bis er sich im Finden auflöst. Jesus verspricht uns, dass Er uns mit dem Finden belohnen wird, wenn wir Ihn, Seine Gegenwart und Salbung suchen. Interessant ist auch in diesem Zusammenhang folgende Schriftstelle aus Hebräer 11,6: „Denn wer Gott naht, muss glauben, dass **Er ist**, und **denen, *die Ihn suchen*, ein Belohner** sein wird." Der Grund für so wenig Vollmacht in den Gemeinden ist doch der, dass viele Menschen aufgehört oder gar nicht erst angefangen haben, unseren Gott ernstlich zu suchen. Nur sehr wenige Menschen sind bereit, beispielsweise abends einige Stunden in Seiner Gegenwart zu verbringen. Hierbei sollten wir Ihn um Seiner Selbst willen suchen, denn Er ist denen, die Ihn suchen, ein Belohner (Hebräer 11,6).

Suche nicht einen Schluck Wasser, sondern suche die Quelle des Lebens.
Suche nicht eine Gabe, sondern den Geber jeder guten Gabe.
Suche nicht eine Feder, sondern suche die Taube (Heiliger Geist).
Suche nicht Heilung, sondern suche den Heiler.

Suche nicht nach Frieden, sondern suche den Friedefürst.

Suche Ihn, und du wirst finden.

Doch Jesus motiviert uns weiter. Er sagt: „Klopfet an, so wird euch aufgetan." Niemand stellt sich vor eine verschlossene Tür und wartet, dass diese von selbst aufgeht. Türen öffnen sich durch Anklopfen. Es ist so, als ob Gott sagt: „Dein Segen und meine Vollmacht warten hinter dieser Tür auf dich. Sie sind bereit, von dir in Empfang genommen zu werden." Gott sagt: „Ich öffne dir keine Tür in die Dimension der Vollmacht, es sei denn, du suchst Mich und klopfst an. Ich warte, bis jemand Mir glaubt und an diese Tür klopft."

Wenn es um mehr Vollmacht und geistliche Autorität geht, muss jeder für sich selbst bitten, suchen und anklopfen. Alle großen geistlichen Durchbrüche, die ich erleben durfte, waren Folgen meines beharrlichen Anklopfens. Es ist, als ob Gott uns immer wieder fragt: „Möchtest du wirklich mehr von Mir in deinem Leben sehen? Wie viel sehe Ich von dir in Meinem Reich? Wie wichtig ist dir Mein Reich und wie ernst nimmst du Mich? Wenn ich merke, dass du Mich mit deinem anhaltenden Bitten und dem regelmäßigen Suchen Meiner Gegenwart und dem Anklopfen für mehr von Mir in deinem Leben ernst nimmst, dann nehme Ich dich auch ernst. Dann werde Ich dir geben, und du wirst finden, und neue Türen öffnen sich vor dir."

– Unser Bewusstsein muss von der Tatsache durchdrungen sein, dass unser vollkommener Gott jederzeit in und durch uns wirken kann und will. Seine Kraft wird dann zu unserer Kraft, Sein Wille zu unserem Willen, Seine Weisheit zu unserer Weisheit, Seine Fähigkeiten zu unseren Fähigkeiten, Seine Liebe zu unserer Liebe, sofern wir in Ihm sind und Er in uns ist. Durch das Glauben, Aneignen und Ausleben dieser Tatsachen wächst und reift in uns ein Siegesbewusstsein. Siegesbewusst verkündete Paulus in Philipper 4,13: „Ich vermag alles durch den, der mich mächtig macht: Christus." Mit anderen Worten: Wenn Gott will, dass du etwas tust, dann wird Er selber dir die Mittel dazu geben und die Wege dazu erschließen.

- Du bist in der Lage, über die Mächte der Finsternis zu herrschen, wie Er über sie herrschte.
- Du bist in der Lage, voller Autorität gestalterisch zu sprechen, so wie Jesus es getan hat.
- Du bist in der Lage, Feinde zu lieben, wie Er sie geliebt hat.

Wir sind tatsächlich in der Lage, seinen Auftrag hier auf Erden siegreich zu erfüllen, denn „Größer ist der, der in euch ist, als der, welcher in der Welt ist" (1. Johannes 4,4).

Werde dir der Bedeutung Seiner dir innewohnenden Gegenwart bewusst und erkenne nun, wer du wirklich in Gott bist. Wenn du mit Ihm übereinstimmend in Seinem Namen Seine eigenen Worte über eine Situation aussprichst, so werden diese Worte die gleiche Kraft entfachen, als wenn Jesus selbst sie gesprochen hätte. Jesus selbst tat es in Seinem Dienst nicht anders. Er sagte von sich: „Glaubst du nicht, dass Ich in dem Vater bin und der Vater in Mir ist? Die Worte, die Ich zu euch rede, rede Ich nicht von Mir selbst; der Vater aber, der in Mir bleibt, tut Seine Werke" (Johannes 14,10). „Wer Mich gesehen hat, der hat den Vater gesehen" (Johannes 14,9).

Mache dir vor jeder Herausforderung neu bewusst, dass du in Christus eine neue Schöpfung bist. Auf der Basis dieser Beziehung zu Ihm und im Rahmen dieser Beziehung zu Ihm kannst du alles haben, was Er verspricht. Du brauchst nicht mehr aus eigener Kraft zu lieben, zu heilen (was ohnehin nicht klappt) oder zu glauben. Er ist ja der Anfänger und Vollender unseres Glaubens. Tue es aus Seiner Kraft heraus. Überwinde die Versuchung nicht mit deinem Willen allein, sondern verbinde deinen Willen mit Seinem Willen.

Da nun Seine Fähigkeiten deine geworden sind, so bist du in der Lage, all das zu tun, was Er dir aufträgt. Fange an, in diesem neuen Bewusstsein zu leben.

Rückfall ins Seelische

König Saul im Alten Testament begann als Gesalbter sein Königtum in der Natur des reifen Geistes in Abhängigkeit zu Gott. Aber dann hat Saul angefangen, den Leuten gefallen zu wollen, sich auf seine eigene Kraft zu verlassen und sogar eine Totenbeschwörerin zu konsultieren. Deswegen sprach Gott mit Samuel. Ich stelle mir den Dialog zwischen Gott und Samuel wie folgt vor: „Saul begann, wie du weißt, im Geist, er bewegte sich in Meiner Kraft, prophezeite, konnte Meine Stimme hören, doch dann schwenkte er auf seine fleischliche Natur über. Er begann im Geist, doch jetzt denkt er nur noch mit seiner fleischlichen Seele. Seine Seele hat sich verirrt, deshalb wurde er zunehmend depressiv. Nicht nur das, er wird jetzt auch aggressiv und schmeißt mit Speeren nach einem Mann, der nach Meinem Herzen ist. Da Sauls fleischliche Seele seinen Geist dominiert, macht ihn seine Seele rasend. Er ist eifersüchtig auf Davids Erfolg. Er schmeißt mit Speeren nach seinem Musiktherapeuten. Stufe für Stufe steigt er in den immer größer werdenden Abgrund seiner Seele. Die erste Stufe war die Depression, dann kam der Hass. Die dritte Stufe war der Mord, und die vierte ist jetzt Zauberei. Sein Geist ist von Sünde so befleckt, dass Mein Geist nicht mehr zu ihm vordringen kann. Samuel, es gibt einen Mann nach Meinem Herzen. Er ist ein Anbeter. Sein Geist kommuniziert mit Meinem Geist. Er betet mich von ganzem Herzen an. Sein Geist ist bei ihm wie bei Moses in der Wüste in Gemeinschaft mit Mir gewachsen. Seine Seele ist durch die viele Gemeinschaft mit Mir veredelt. Sein Geist ist unbefleckt und empfängt von Mir. Meine Kraft ist schon so mächtig in ihm, dass der Kampf mit Löwen und Bären ein Kinderspiel für diesen Mann sind. Samuel, David ist unser Mann. Wenn du ihn salbst, kommt er noch mehr in seine Bestimmung. Das alles wirkt sich positiv auf Mein Volk aus, das durch Saul verletzt und zerstört ist."

Ich kann dir nicht alles geben

Ich bin mir bewusst, dass das Maß an Vollmacht, das ich erleben darf, seinen Ursprung in der Beziehung zu Gott hat. Gleichzeitig erlebe ich aber auch immer wieder Ohnmacht und fehlende Vollmacht. Folgendes Ereignis brachte mir mehr Erkenntnis in den Fragen der Vollmacht, die ich hatte:

Vor einigen Jahren war ich bei meinem Freund, dem Pastor Dr. J. Tod Zeiger in Tennessee eingeladen, um in seiner Gemeinde eine Heilungsveranstaltung durchzuführen. Der Himmel schien offen zu sein für meine Gebete, denn wir erlebten einige wunderschöne Heilungen – bis zu dem Punkt, wo ich plötzlich vor dem Rollstuhl einer jungen hübschen Frau stand. Als ich mich zu ihr runterbeugte, um für sie mit Anteilnahme und Glauben zu beten, war mir bewusst, dass hier nichts passieren würde. Plötzlich hörte ich Gottes Stimme, die mir sagte: *„Andreas, Ich kann dir nicht alles geben, weil Mir nicht alles von dir gehört."*

Nach der Abendveranstaltung ging ich nachdenklich in mein Nachtquartier. Immer wieder schoss mir der Satz durch den Kopf: „Andreas, *du kannst nicht alles haben, weil Ich nicht alles von dir habe."* Mir wurde schlagartig klar, dass es eine höhere Ebene von Kraft und Autorität für jeden Menschen gibt, in die man jedoch nicht hineinkommt, wenn die Hingabe zu Gott nicht total gelebt wird. Es gibt gewisse höhere göttliche Informationen und prophetische Offenbarungen jenseits des Natürlichen, das wir erleben, was Gott uns niemals mitteilen wird, weil ein höheres Maß an Hingabe von unserer Seite fehlt. Es gibt eine höhere evangelistische Durchschlagskraft als die, die wir zur Zeit haben, die ebenfalls nur durch eine engere, verbindlichere Beziehung, gelebte Beziehung zu Ihm hervorgebracht wird. Ich empfand den Gedanken beängstigend, dass Gott etwas Gewaltiges für uns hat, was ich aufgrund meiner Beziehungsebene zu Ihm noch nicht empfangen hatte. All das hat mit verbindlich gelebter Beziehung zu einem heiligen Gott zu tun. Mit Heiligung, einem intensiven Gebetsleben und dem regelmäßigen Aufsuchen

Seiner heiligen Gegenwart können wir diese Beziehung stärken, nähren, ihr mehr Raum geben.

Du kannst Hunderte von Menschen, die zu unserer Gemeinde in Wiesbaden gehören, fragen, ob sie den Andreas Herrmann kennen. Alle werden die Frage mit einem eindeutigen Ja beantworten. Und doch kennt mich keiner von ihnen so gut wie meine engsten Freunde oder gar meine Frau Sabine. Unser Problem ist doch, dass wir oft nicht von einer Beziehungsebene in die nächsthöhere, verbindlichere treten. Genau das hindert uns, in die Fülle Gottes zu kommen, da die meisten Christen mit dem wenigen, das sie haben, zufrieden sind. Es ist eine traurige Tatsache, dass es mehr Christen gibt, die ein kraftloses Leben leben, als Christen, die ein kraftvolles Leben in Christus führen. Wie oft haben wir schon im Namen Jesu um Dinge gebeten, doch die Ergebnisse waren bescheiden, obwohl wir die klaren verbindlichen Verheißungen für Gebetserhörungen haben.

Warum ist das so? Die Antwort lautet: Um den Namen Jesu zu gebrauchen, muss man sich das Recht erwerben, ihn auch gebrauchen zu dürfen. Viele Pärchen leben auf einer unverbindlichen Beziehungsebene. Man möchte sein eigenes Leben leben, den größten Teil seines Geldes mit niemandem teilen, seine Unabhängigkeit behalten, eine Hintertür offen halten und trotzdem alle Qualitäten wie Hingabe, Zuwendung, Sexualität und Treue vom Partner wie in einer Ehe haben. Genauso verhält es sich bei vielen Menschen mit Gott. Man schließt Ihn von einigen zentralen Gebieten des Lebens aus, möchte aber Seinen vollen Segen, Seine Hingabe, eben alles, was Gott so zu bieten hat. Man möchte sich im Namen Jesu alle Segnungen aneignen, merkt aber, dass es so nicht funktioniert.

Als meine Frau Sabine mich heiratete, bekam sie meinen Namen. Ab dem Moment, in dem sie mich heiratete, gehörte ihr ein großer Gitarrenverstärker, diverse E-Gitarren sowie eine umfangreiche Plattensammlung. Da ihr mein Name gehört, kann sie in meinem Namen Geld von unserem gemeinsamen Konto abheben. Sollte ich erben, erbt auch sie mit. Auf der anderen Seite: Sollte sie aus irgendeinem Grund in große

Nöte kommen, so hätte auch ich große Nöte. Genau so verhält es sich mit Jesus. Wenn Er Seine Hand in meinen Geldbeutel halten darf, darf ich auch meine Hand in Seinen Geldbeutel stecken, und da ist wesentlich mehr drin. Wenn ich mich um Sein Haus kümmere, kümmert er sich um meines. Trotzdem scheint es bei Jesus aber öfter so zu sein: Viele wollen in Seinem Namen etwas von einem himmlischen Konto abheben, ohne mit Ihm „verheiratet" zu sein.

Als ich diese Gedanken in einem Gottesdienst schilderte, sagte ich dazu: „Ich werde jetzt von unserem gemeinsamen Konto auf der Basis meiner Beziehung zu Jesus Heilung abrufen." Und es stellte sich für alle sichtbar heraus, dass dieses Konto prall gefüllt ist. Es bleibt dabei, Gott sagt: „Ich kann dir nicht alles geben, wenn Ich nicht alles von dir habe."

Beziehung: Wer in mir bleibt

Viele sagen: ich kenne Sein Wort. Aber kennst du Ihn?

Ich rede nicht von intellektuellem Erkennen, sondern von Intimität mit Ihm. Es geht nicht darum, ob du den grünen Gürtel im Bibelwissen hast oder ob du schon seit dem Kindergottesdienst Bibelverse auswendig lernst. Es geht nicht darum, die Bedeutung des siebenarmigen Leuchters in der Endzeitkirche zu kennen und die Reihenfolge der Ereignisse bei der Entrückung fachkundig diskutieren zu können. Es tut auch nichts zur Sache, ob dein Opa Pfarrer war. Es ist egal, wie viele Stunden Predigten du schon gehört hast, ob du immer deinen Zehnten zahlst und beim Mittagessen betest. Es geht darum, ob du Ihn kennst. Alle intellektuelle Erkenntnis bringt noch keine Frucht hervor. Das geht nur über Beziehung. Einige versuchen, aus ihrer Seele heraus Früchte des Geistes zu gebären. Das geht nicht, du musst eins mit Gott sein, Geist zu Geist. Wenn du mehr im Geist lebst, wird dir auffallen, was Ihm auffällt. Dich wird bewegen, was Ihn bewegt. Du sagst: „Herr, ich will so sein, wie Du bist." Der Prozess der Identifikation beginnt.

„Wenn ich in den Sprachen der Menschen und der Engel rede, aber keine Liebe habe, so bin ich ein tönendes Erz geworden oder eine schallende Zimbel. Und wenn ich Weissagung habe und alle Geheimnisse und alle Erkenntnis weiß und wenn ich allen Glauben habe, so dass ich Berge versetze, aber keine Liebe habe, so bin ich nichts. Und wenn ich alle meine Habe zur Speisung <der Armen> austeile und wenn ich meinen Leib hingebe, damit ich Ruhm gewinne, aber keine Liebe habe, so nützt es mir nichts“ (1. Korinther 13,1-3).

Ausgerechnet in dieser Bibelstelle, die in keiner kirchlichen Trauung fehlt, sagt Paulus einige sehr deutliche Worte:

Zungenrede alleine ist nichts Magisches, das alleine dadurch, dass man sie ausübt, schon etwas bewirkt. Bibelwissen alleine reicht nicht aus, um in der Vollmacht zu wachsen – ansonsten wären die meisten mitteleuropäischen Literaturwissenschaftler alle geistliche Giganten. Offenbarungserkenntnis alleine hilft auch nicht weiter – erst in der Liebe werden alle diese guten Dinge vollkommen gemacht. Im 15. Kapitel des Johannesevangeliums werden wir ja nicht nur aufgefordert, in Jesu Worten zu bleiben, sondern auch, in seinen Geboten und darüber hinaus in seiner Liebe zu bleiben.

Jesus hat gesagt, dass wir nicht an unseren Zeichen und Wundern erkannt werden. Jeder von uns wäre sicher zu beeindrucken durch Wunder. Oder wir staunen über exakte Prophetien. Wir haben Respekt vor Menschen, die radikal leben und ihren Besitz so gering wir möglich halten – aber der Maßstab Jesu ist anders. Er sagt, was Ihn beeindruckt, und was sogar das Erkennungszeichen von Christen ist: Wir werden an der Liebe erkannt, die wir untereinander haben. So sehr wir alle uns danach sehnen, hier auf Erden schon mehr von der himmlischen Dimension in Form von Heilungen, Zeichen und Wundern zu erleben, der Maßstab, der am Ende angelegt wird, ist: Haben wir genug geliebt?

Im 1. Johannes 4,16 steht „Gott ist die Liebe.“ Kaum ein anderer Vers der Bibel wird so oft zitiert wie dieser. Aber kaum einer wird auch so selten gelebt. Wenn wir als Nachfolger Christi dazu aufgefordert werden, Gott ähnlicher zu werden, dann bedeutet das, dass wir an unserer Liebesfähigkeit arbeiten müssen. Wir sollen selber liebevoll werden. Wir sollen den Rest von 1. Korinther 13 nicht nur auswendig können, sondern leben.

Die Qualität göttlicher Liebe ist groß. Aus eigener Kraft kann das keiner von uns. Wie ein Baum können auch wir nur unsere Zweige hoch in den Himmel strecken, wenn unsere Wurzeln tief in die Quellen göttlicher Liebe reichen. Anders ausgedrückt: Wir werden tiefste Christen, indem wir in der Liebe wachsen.

Und das hat seinen guten Grund: Liebe ist immer ein Beziehungsphänomen. Liebe braucht immer ein Gegenüber – und das Gegenüber des Christen ist Gott. Nur wer Gott kennt, kann ihm auch ähnlicher werden. Nur wer seine eigene Unfähigkeit zu lieben erkannt hat, wird Gott um Hilfe bitten. Nur wer die Nutzlosigkeit menschlichen Wissens erkannt hat, wird Gott um Offenbarungserkenntnis fragen. Nur wer am Ende der eigenen erweckungsmäßigen Fahnenstange angelangt ist, wird sich für übernatürliche Wege öffnen. Nur wer sich Gott ausliefert, den kann Er benutzen.

Am Ende seines Lebens wurde der Gründer der Heilsarmee, William Booth, einmal gefragt, warum ihm so vieles gelungen ist, woran andere hoffnungslos scheiterten. Seine Antwort ließ wenig Raum zu Zweifeln: „Weil Gott alles von mir gehabt hat."

Identifikation mit Jesus

Die Heilige Schrift betont, dass „Christus durch den Glauben in euren Herzen wohne" (Epheser 3,17).

Christus in ins, das muss zu einer persönlich erlebten Offenbarung werden. Wenn Christus in dir ist, dann wird Er aus dir heraus strahlen. Man wird Ihn in deinen Augen, deinen Handlungen erkennen. Man wird es an deiner Sprache sehen, an deiner Vollmacht spüren. Johannes hat ja geschrieben, dass bei allen, die an Jesus glauben, Ströme lebendigen Wassers fließen werden (Johannes 7,38).

Das erleben wir auf verschiedenen Ebenen.

Mit der Formulierung „Bleibt in Mir und Ich in euch", sind wir alle vertraut. Sie bedeutet, dass wir in Christus sind und Er in uns. Die erste Dimension, die wir Christen erfahren, ist das „Wir-in-Ihm." Ist jemand in Christus (das geschieht bei der Wiedergeburt), dann ist er eine neue Schöpfung, das Alte ist vergangen, Neues ist geworden (2. Korinther 5,17). Das Griechische zeigt hier auf, dass der Glaube eine Präposition hat: *in Jesus Christus hinein*. Wir sagen im Deutschen, dass wir an etwas glauben. Das hat etwas Anlehnendes. Ich lehne mich an die Wand, an Jesus. Das Evangelium ist mehr als ein Sich-an-Jesus-anlehnen-Können-und-Dürfen – wir können uns in Ihn hineinbewegen. Der Glaube an Ihn soll eine Bewegung in Ihn hinein sein.

Wenn du heute vor deinem Auto gestanden hättest und gesagt hättest: „Ich glaube an Autos. Ich lehne mich an sie an", dann hätte sich nichts getan. Wenn du dich nicht in das Auto gesetzt hättest, dann wärest du nicht mal zu diesem Gottesdienst gekommen. Wenn du dich in das Auto setzt, dann bringt es dich dahin, wohin du willst. Glaube ist genau so – er ist aktiv, in Bewegung, in etwas oder jemanden hinein. Wir bewegen uns in Christus Jesus hinein. Wenn ich in Jesus „hineingehe", komme ich zu Gott, dem Vater, nicht als Andreas Herrmann, sondern im Namen Jesu, denn ich bin in Ihm. Meine Bitten äußere ich nicht im Namen von Andreas Herrmann, sondern im Namen Jesu.

Wir sind in Christus. Ist jemand in Christus, ist er eine neue Schöpfung. Altes ist vergangen, siehe, Neues ist geworden (2. Korinther 5, 17). Und das leben wir im Glauben. Daher können wir mit Gewissheit jeden Morgen sagen: „Mein Leben ist nicht außerhalb von Ihm. Ich muss Ihn nicht lange rufen, herbeibeten, herbeifasten oder herbeimeditieren. Ich werde niemals mehr sagen: Jesus ist weit weg. Ab jetzt sage ich; ich bin in Ihm. Er umgibt mich von allen Seiten."

Wenn die erste Dimension die ist, dass wir in Ihm sind, dann ist die zweite Dimension, dass Er in uns ist.

Die Bibel sagt deutlich, dass man erkennen kann, wenn ein Mensch in Jesus ist und Jesus in ihm ist. Man kann das an der Frucht sehen. Man könnte formelhaft sagen:

Wir in Ihm + Er in uns = Resultat, Ergebnis

Allerdings lohnt es sich, den Vers aus Johannes 15,5 genauer anzuschauen: *„Ich* bin der Weinstock, *ihr* seid die Reben. **Wer in Mir bleibt** und Ich in ihm, der bringt viel Frucht, denn getrennt von Mir könnt ihr nichts tun." Es geht darum, dauerhaft in Jesus zu bleiben. Diese Frucht, die wir dann bringen, ist: Was immer wir bitten, wird Er erfüllen. Wäre es nicht super, wenn du feststellst, dass immer mehr und mehr Gebete von dir erhört werden, viel mehr als früher? Wenn du in Ihm bist, wirst du auch nur noch Sachen beten, die Ihm wichtig sind, und du wirst deinen Glauben mit Seinem verbinden.

Jesus selbst beschreibt den Segen der Identifikation mit Ihm in der Parabel vom Weinstock. In Johannes 15,5 sagt Er: *„Ich* bin der Weinstock, *ihr* seid die Reben. Wer in Mir bleibt (durch Identifikation und Beziehung)und Ich in ihm, der bringt viel Frucht, denn getrennt von Mir könnt ihr nichts tun." Gemeint ist die Art von Früchten, die entstehen, wenn man eins mit Jesus wird. Es sind die Früchte, die auch im Dienste Jesu sichtbar waren. Damit ein gesunder und fortlaufender Prozess stattfindet, schrieb Paulus an die Kolosser: „Das Wort Christi wohne reichlich in euch" (Kolosser 3,16). Sein Wort unterstützt uns im Prozess unserer Identifikation mit Ihm und zeigt uns obendrein, wer wir in Christus sind. Zur Identifikation mit Jesus gehört, dass wir nicht nur Seinen Lebensstil, den Er uns vorlebte, bejahen. Verstandesmäßige intellektuelle Zustimmung ist hier nicht gefragt. Es geht darum, dass wir uns völlig mit diesem Lebensstil eins machen und ihn selbst ausleben. Es heißt ja: „Wir alle aber schauen mit aufgedecktem Angesicht die Herrlichkeit des Herrn an und werden <so> verwandelt in dasselbe Bild von Herrlichkeit zu Herrlichkeit, wie <es> vom Herrn, dem Geist, <geschieht>" (2. Korinther 3,18).

Wenn man sich mit einer Person identifiziert, ahmt man diese meist unbewusst nach. Man entdeckt plötzlich eine Geste, eine Formulierung an sich und stellt fest, dass man sie von einem anderen Menschen übernommen hat, ohne darüber nachzudenken. Paulus vertrat die Ansicht, dass dies im Falle Jesu bewusst geschehen soll. Er schrieb: „Seid nun Nachahmer Gottes als geliebte Kinder!" (Epheser 5,1).

Die Gewissheit der völligen Einheit mit Ihm wächst, wenn wir immer stärker mit Seinen Worten und Werken eins werden und Sein Leben und Seine Natur in uns tragen. Die Folge deiner gelebten Beziehung und Identifikation mit Jesus ist, dass du das legale Recht besitzt, den Namen Jesu und Seine Autorität kraftvoll anzuwenden, wenn es darum geht, die Macht Satans über Menschen zu brechen oder Kranke in Seinem Namen zu heilen.

Die folgenden Sätze sind eine proklamative Auflistung von jenen vorbildlichen Eigenschaften Jesu, die wir uns in der Identifikation und Nachahmung verinnerlichen sollten.

Jesus, unser Vorbild

Jesus, Du bist mein Vorbild.

Deshalb lebe ich im Wort, wie Du im Wort gelebt hast.

Deshalb gehorche ich Dir, wie Du Deinem Vater gehorcht hast.

Deshalb lasse ich mich von Dir leiten, wie Du Dich von Deinem Vater leiten ließest.

Deshalb wandle ich im Licht, wie Du im Licht gewandelt bist.

Deshalb trage ich ihre Schwachheit, wie Du meine Schwachheiten ertragen hast.

Deshalb vergebe ich ihnen, wie Du mir vergeben hast.

Deshalb bete ich für sie, wie Du für mich gebetet hast.

Deshalb bin ich bereit, um Deines Namens willen für Dich zu leiden, so wie Du für mich gelitten hast.

Deshalb bin ich bereit, dem Reich der Finsternis großen Schaden zuzufügen, so, wie Du es auch getan hast.

Deshalb herrsche ich über die Macht des Feindes, wie Du über die Macht des Feindes herrschtest.

Deshalb heile ich die Kranken, wie Du die Kranken geheilt hast.

Deshalb versetze ich Berge im Glauben, wie Du Berge im Glauben versetzt hast.

Deswegen tue ich die gleichen Werke, wie Du sie auch getan hast.

Deswegen werde ich Dir Ehre machen, wie Du dem Vater Ehre machtest.

Aus Seiner Kraft

Da Jesus durch mich und in mir wirkt, bin ich in einer privilegierten Ausgangsposition. Ich vermag tatsächlich alles durch den, der mich mächtig macht, Christus.

Jesus, ich trage Deine Last mit Deiner Stärke.
Ich tue Deinen Willen mit Deiner Kraft.
Ich liebe die Menschen mit Deiner Liebe.
Ich trage ihre Schwachheiten mit Deiner Gnade.
Ich empfange mächtige Segnungen in Deinem Namen.
Ich versetze Berge mit Deinem Glauben (Er ist der Anfänger und Vollender unseres Glaubens).
Ich heile die Kranken in Deinem Namen.
Ich zerbreche das Joch mit Deiner Salbung.

(Bei Paulus ging die Identifikation so weit, dass er schrieb: „... und **nicht mehr lebe ich, sondern Christus lebt in mir**; was ich aber jetzt im Fleisch lebe, lebe ich im Glauben <, und zwar im Glauben> an den Sohn Gottes, der mich geliebt und sich selbst für mich hingegeben hat“ (Galater 2,20).)

Wenn Du, Christus, in mir lebst, geht von mir die gleiche Kraft aus, wie sie von Dir ausging. („Denn **alles, was aus Gott geboren ist, überwindet die Welt**; und dies ist der Sieg, der die Welt überwunden hat: unser Glaube“ (1. Johannes 5,4).)

Wenn man dich angreift und du im Geist handelst, sagst du: Es trifft nicht mehr mich. Denn nicht mehr lebe ich, sondern Christus lebt in mir (Galater 2,20). Denn was ich jetzt lebe im Fleisch, das lebe ich zur Ehre Gottes. Christus lebt in mir, und der ist Kummer gewöhnt.

Durch mich

Deshalb können wir sagen:

> **Die gleiche Kraft, die durch Dich floss, fließt jetzt auch durch mich.**
>
> **Die gleiche Liebe, mit der Du mich liebst, liebt durch mich.**
>
> **Die gleichen Worte, die Du sprachst, sprichst Du jetzt durch mich.**
>
> **Der gleiche Segen, der auf Dir lag, strömt jetzt durch mich.**
>
> **Die gleichen Werke, die Du damals getan hast, tust Du heute durch mich.**
>
> **Die gleiche Kraft, die von Dir ausging, geht von mir aus.**
>
> **Denn nicht länger lebe ich, sondern Christus lebt in mir (Galater 2,20).**

Ich mache mir bewusst: Ich setze die Werke hier auf Erden fort, die unser Meister vor 2000 Jahren begonnen hat. So wie Er auf Erden wandelte, so werde ich auf Erden wirken und wandeln, denn ich bin ein Botschafter, eine Botschafterin an Christi Statt.

Was macht man mit solchen guten Listen wie der obigen am besten? Manche Menschen nehmen sich gleich die ganze Liste vor, andere stolpern über eine Aussage, die sie besonders trifft. Man kann sich diese, wenn man möchte, auf Kassette aufnehmen und immer wieder hören – das hatten wir bereits vorher angesprochen. Man kann sich die ganze Liste kopieren und an einen Ort aufhängen, wo man sie täglich sieht – über die Spüle, aufs Armaturenbrett im Auto, an den Bildschirm, als Bildschirmschoner, an den Wickeltisch, den Badezimmerspiegel. Man kann auch nur eine einzelne Aussage herauspicken und die abschreiben und aufhängen. Eine Bekannte von mir nimmt sich eine glaubensbauende Aussage mit ins Fitnessstudio, und wenn es dann ans Cardiotraining geht, dann baut sie diesen Satz in ihren Atemrhythmus ein. Sie fing an mit „Du hast mich herrlich und wunderbar gemacht." Einem visuell veranlagten Menschen ist vielleicht am ehesten damit gedient, ein Bild oder eine Collage davon zu erstellen, wie es aussieht, wenn Ströme des lebendigen Wassers aus dem eigenen Leib fließen. Ein musikalisch veranlagter Mensch kann sich ein Lied schreiben, und die einzelnen Aussagen singen (dazu ermutigt ja Kolosser 3,16). Ich bin fest davon überzeugt: Es gibt für jeden Menschen und jede Lebenslage einen Weg, wie man Gottes Wort reichlich in sich wohnen lassen kann. Wenn das nicht so wäre, wäre Gott unfair. Wenn Kinder oder Kranke, wenn geistig Behinderte, wenn Überarbeitete und Arbeitslose, wenn Mütter und Manager, wenn Intellektuelle und wenig intelligente Menschen nicht die gleiche Chance hätten, Gott über Sein Wort zu erfahren, hätte Gott Lieblinge. Die hat Er nicht.

Die Frage ist eher: Sind wir mutig genug, einen Weg einzuschlagen, den sonst keiner außer uns geht? Wollen wir Gott so sehr begegnen, dass es uns egal ist, wie wir dabei aussehen, wie wir hinterher dastehen und was die anderen von uns denken? Gott hat uns als Originale geschaffen, und daher geht er mit jedem Menschen Seinen eigenen Weg. Die Herausforderung für uns liegt darin, Gott in unserer Lebenssituation direkt zu begegnen.

Dann geschieht das …

Reifen in die neue Geist-Identität

Vom Hören des Wortes	zur Identitätsbildung am Wort
Von Sinneserkenntnis	zur Offenbarungserkenntnis
Vom Konsumieren	zum Botschafter an Christi Statt
Von Ohnmacht	zu Vollmacht
Vom Gebet	zum erhörten Gebet

Die Wachstumsdimension in der Tiefe

Die Wachstumsdimension

Tiefe Christen Tiefere Christen Tiefste Christen

Das Wesentliche ist für die Augen unsichtbar, heißt es im „Kleinen Prinzen“ von Antoine de Saint-Exupéry. Was ist bei einem Baum das Wichtigste? Es sind seine Wurzeln, die im Unsichtbaren seinen kraftvollen Halt ermöglichen. Nur ein Baum mit Wurzeln ist standfest auch bei stärksten Stürmen. Im Sommer zieht ein Baum täglich bis zu 80 Litern Wasser aus der Tiefe in die Krone. Das bedeutet, dass eine durchschnittliche dreißigjährige Buche jeden Tag einen Zentner fünf Meter hoch hebt – und das ohne Muskeln. Denn der Baum lebt aus der Kraft seiner Wurzeln. Woher beziehst du deine Kraft und Energie? Aus der Seele oder der Quelle des Geistes? Wachsen wir äußerlich in die Breite oder unsichtbar in die Tiefe? Machen wir uns bewusst: Alle Oberflächenkosmetik ist nichts nütze, wenn nicht ein entsprechendes Wurzelwerk vorhanden ist. Das Wesentliche bleibt unsichtbar. Niemand kann bei einem anderen beurteilen, wie tief dessen Wurzeln sind. Nur wir selber sind in der Lage, die Stärke, die Tiefe und die Dichte unserer eigenen Wurzeln einzuschätzen. Nur wir selber wissen, ob wir mit den Wurzeln auf Wasser stoßen oder nicht. Die Wurzeln bestimmen auch, wie wir weiter wachsen können. Die unsichtbaren Wurzeln begrenzen unser sichtbares Wachstum.

Erst in einer Krise können auch andere sehen, ob unsere Glaubenswurzeln stark genug sind. Bei einem guten Baum ist es so: Wenn der Sturm einen starken Baum attackiert, wird dieser trotzdem Frucht bringen. Wir brauchen nicht nur einen einmaligen Erfolg als Christen. Wir brauchen einen dauerhaften und lebenslangen Erfolg. Der Mensch als Christ lebt immer aus der Tiefe seiner Beziehung zu Gott.

Deshalb habe ich in meinem Buch die Betonung auf die Wurzeln des geistlichen Lebens gelegt. Die Größe der Frucht ist abhängig von der Größe der Krone. Je größer die Krone, umso weiter reichen die Wurzeln. Je tiefer die Wurzeln, umso mehr Mineralien, Wasser und Lebenskraft gelangen in die Frucht.

Zum starken Wurzelwerk eines Christen gehören:

a) eine tiefe Verbindung von unserem Geist zu Gottes Geist.
b) Starke Identitätsbildung an Seinem Wort.
c) Identifikation und Beziehung zu Jesus
d) Tief graben, tief bohren, den Preis für Tiefe zahlen

Ich ermutige dich nicht, tief zu sein – das bist du schon. Ich ermutige dich, tiefer zu sein. Am meisten ermutige ich dich, am tiefsten zu sein. Die tiefsten Christen haben nicht nur die meisten Früchte des Geistes. Sie haben auch die größte Vollmacht. Sie verkörpern das Wesen Jesu auch am besten.

Man kann das in eine Formel kleiden:

ein bisschen Gehorsam = ein bisschen Kraft

viel Gehorsam = viel Kraft

Es geht um die Kraft über den ganzen Feind, nicht die Kraft über etwas Feind. *Wenn du über die Sünde herrschst, herrschst du über den Teufel.*

Die Frage ist, wenn es eigentlich das ist, was wir alle wirklich wollen, warum werden dann so wenige von uns tiefe Christen?

- Viele wollen lieber Kopien von anderen Christen sein als Originale Gottes.
- Sie scheuen den Preis.
- Sie haben irgendwann aufgegeben nach einem entmutigenden Erlebnis.
- Manche möchten lieber ihre Früchte in aller Öffentlichkeit polieren, als in der Stille an den Wurzeln zu arbeiten.

Wer tiefster Christ geworden ist und bleibt, der hält den Spott der anderen über die unproduktiven Zeiten aus – „Was, du machst Stille Zeit? Und was hat Gott gesagt? Ach, Gott hat nichts gesagt? Ja, hast du denn auch alles richtig gemacht? Ist da vielleicht noch Sünde in deinem Leben?" Wer dranbleibt, auch wenn Gott lange zu schweigen scheint, der schlägt tiefe Wurzeln. Das geht eindeutig wider die fromme Spaßgesellschaft, die von einem frommen Happening zum anderen eilt und nach der Rückkunft zu Hause spätestens am dritten Tag keine Zeit mehr mit Gott mehr verbringt, weil das irgendwie nicht so viel bringt.

Wer Christ in der Tiefe sein will, bahnt sich immer wieder seinen Weg zu Gott, schafft Zeit und Raum für diese Beziehung – und schreckt auch vor ungewöhnlichen Mitteln nicht zurück. Eine Frau in unserer Gemeinde verbringt an fünf Tagen in der Woche immer die Zeit zwischen 3 Uhr nachts und 4 Uhr mit Gott. Dann legt sie sich wieder schlafen. Ein anderer steht früh auf. Ein Familienvater steht abends noch mal auf, sobald seine Frau eingeschlafen ist. Ein Mann in unserer Gemeinde schenkt seiner Frau immer den Samstag Vormittag, damit sie Zeit mit Gott hat. Wir alle leben in unterschiedlichen Lebensphasen und Lebenssituationen. Aber ich bin (immer noch) fest davon überzeugt, dass es in jeder Situation und Lage eine Möglichkeit gibt, die Beziehung mit Gott zu pflegen und zu vertiefen.

Die Tiefendimension und ihre Auswirkungen

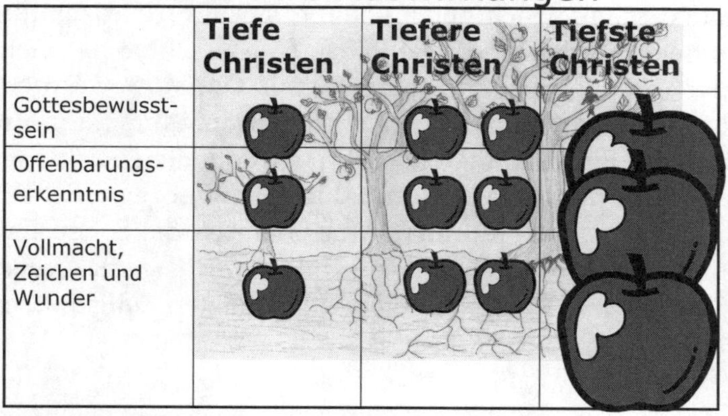

Die meisten Christen pflegen vornehmlich die sichtbare Seite ihres geistlichen Lebens. Hiermit meine ich die guten, wichtigen und praktischen Dinge wie einen Gottesdienst besuchen, die Unterstützung des Reiches Gottes durch einen Dienst, den Zehnten geben sowie das Besitzen, Ausleben und Verteidigen von geistlichen Werten. Nur wenige Christen entwickeln ihre transzendente, mystische, unsichtbare Seite, die ihnen von Gott gegeben wurde, um mit Ihm auch im unsichtbaren Übernatürlichen zu herrschen und Einfluss zu nehmen.

So, wie es im Leben verschiedene Schulen gibt, so unterscheiden wir auch zwischen verschiedenen Arten des Geisteslebens. Im geistlichen Leben besuchen die meisten nur die Grundschule, wenige die Realschule und ganz wenige die Höhere Schule des Geistes. Entsprechend wird unser geistliches Christsein tief, tiefer oder am tiefsten sein. Die geistliche Grundschule und Realschule besteht vornehmlich aus dem Lernen von geistlichen Wahrheiten und Lehren. Wer in diese Schule geht, hört staunend dem zu, was andere mit Gott erleben, erlebt aber selber eher weniger mit Gott. Wir haben es hier primär mit geistlichem Second-Hand-Wissen zu tun, und wenn es um göttliche Offenbarung geht, um Secondhand-Offenbarung. Das Wissen und Können zielt auf ein praktisches, fruchtbares, alltagsrelevantes Christentum eines tiefen Christen ab. Die tiefste Geistesschule hat mehr mit der Veränderung in unserem Sein in Christus zu tun. Sie setzt nicht mehr primär bei der Wissensaufnahme an, sondern an der Entwicklung unserer transzendenten geistlichen Seite durch praktische Gotteserfahrung und Begegnung. Der Schlüssel für das tiefe innere Wachstum ist die solide Entwicklung eines Gebetslebens. Aus ihm erwachsen die Gegenwart Gottes und Vollmacht, die wir bei einigen Zeitgenossen antreffen.

Tiefe Christen

Die meisten von uns sind tiefe Christen. Wir bejahen viel, vertrauen etwas, sind aber noch keine ausgeprägten Täter des Wortes. Trotzdem sind wir aber Nachfolger, die einen geistlichen Vater, eine geistliche Mutter brauchen. Naturgemäß lebt ein tiefer Christ von deren Wissen aus zweiter Hand: Er hat daher nur Second-Hand-Wissen, Second-Hand-Offenbarung. Sein Geist ist noch nicht durchreift. Er braucht einen Durchbruch. Es gibt eine ständige Pendelbewegung zwischen geistlicher und seelischer Natur in seinem Verhalten zu beobachten. Ein tiefer Christ kennt den Vorhof des Tempels mit seinem Getriebe gut und hatte bislang nur wenig Einblick in das Allerheiligste. Das Gebetsleben setzt meist erst dann ein, wenn wieder einmal etwas schief gelaufen ist.

Die Leidensbereitschaft tiefer Christen ist nicht sehr hoch. Ein tiefer Christ hat die Salbung und Durchschlagskraft eines Kindes. Er kennt höchstwahrscheinlich Johannes 3,16 auswendig und hat sonst wenig nahrhafte Bibelkenntnisse.

Tieferer Christ

Ein tieferer Christ wächst schon etwas stärker in seiner geistlichen Individualität. Er verbringt mehr Zeit im Vorhof des Tempels. Ein solcher Mensch ist ein Anbeter. Er opfert etwas mehr Zeit für die Sache Gottes. Immer öfter betet er: „Mehr von Dir, Herr, weniger von mir." Er hat schon tiefe und praktische Erfahrungen mit Gott gemacht. Er wurde von Gott schon mehr geprüft und er hat etliche Tests bestanden. Er kennt den Schmerz, weiß um die tiefen Wasser. Da sein Geist sich entwickelt, wächst sein Gottesbewusstsein. So jemanden hat man gerne im Gebetsteam und als Mitarbeiter. Geistliche Autorität ist in zunehmendem Maße erkennbar.

Tiefste Christen

Beispiele für diese Tiefendimension der innigen Verbindung mit Gott sind für mich zwei Gestalten des Alten Testamentes, Mose und Elias, und im Neuen Testament Paulus.

Bei tiefsten Christen gibt es eine stärkere Ausformung des neuen Bewusstseins, was es bedeutet „in Christus" zu sein. Ein solcher Mensch versteht sich in allen Lagen an allen Tagen als Botschafter an Christi Statt, tut die Werke Christi und lebt sie aus. Er weiß genau, dass er ein Fremdling in dieser Welt ist, in der er vorübergehend lebt. Weil ein tiefster Christ sich der Heiligkeit Gottes bewusst ist, lebt er anders als die Welt und anders als die meisten Christen. Er ist ausgesondert und sondert sich zeitweise aus. Er ist bereit, einen hohen, ja sogar den höchsten Preis für Gott zu zahlen.

Ein tiefster Christ bekennt sich in allen Lagen zu Gott und erlebt, dass Gott sich zu ihm bekennt. Die Identitätsbildung am Wort (Johannes 15,7) ist weit fortgeschritten und schreitet immer noch fort. Mit vielen Versen der Heiligen Schrift verbinden sich persönliche Erfahrungen. Trotzdem hat seine Neugier auf Gott in Seinem Wort nicht nachgelassen – im Gegenteil. Deswegen bleibt er in Jesus und Sein Wort bleibt in ihm. Er darf bitten und empfängt. Er ist durch tiefe Wasser gegangen und der Name Jesu hat Kraft in seinem Leben. Er erlebte unzählige Male: Wenn Gott sagt, dass ich es tun kann, dann kann ich es tun. Der tiefste Christ kann für Christus leiden.

Für Christen dieser Kategorie ist das Ungesehene realer als die sichtbare Realität. Sensibel empfinden sie Gottes Präsenz und Leitung, der sie sich voll hingeben. Sie wissen, dass ihre Gebete den Allmächtigen und seine Größendimension in ihre kleines Leben holen können. Ihr Leben ist gekennzeichnet von einer starken Vollmacht und geistlichen Autorität. Offenbarung, direktes Reden sowie Zeichen und Wunder sind wesentlich stärker bei denen anzutreffen, die wir der Kategorie „am tiefsten" zugeordnet haben. Pastor William Duma, der bis zu seinem Tod im Jahre 1976 einen gewaltigen, außergewöhnlichen Heilungsdienst hatte, machte einen Bund mit Gott, dass er Ihn jeden Tag um Mitternacht im Gebet aufsuchen würde. Duma genoss die stillen, einsamen, dunklen Stunden um Mitternacht. Schon vor Sonnenaufgang lag er schon wieder vor Gott auf den Knien. Die Sehnsucht sowie die Suche nach Gottes Gegenwart verbunden mit vielen Stunden des Gebetes, kennzeichnen den Lebensstil der tiefsten Christen.

Vielfalt der Tiefe

Die Tiefe unserer Wurzeln, die wir in Gott geschlagen haben, zeigt sich in unserer liebevollen Außenwirkung auf Menschen. Genauso, wie es sehr viele verschieden Bäume gibt, von denen jeder seine eigene Art Frucht trägt, gibt es auch verschieden Ausdrucksweisen dieser Tiefendimension. Äpfel mit Birnen zu vergleichen, bringt keinen weiter. Im Gegenteil, wer das tut, der beleidigt letztendlich Gott als Schöpfer.

Denn Gott hat jeden von uns einzigartig gemacht, und Er hat jeden von uns in seine spezielle, individuelle Lebenssituation gestellt. Und je nach Lebenssituation und individuellem Gabenspektrum werden wir verschiedene Früchte tragen. Ein Mitglied unserer Gemeinde ist ein junger Mann, der im Rollstuhl sitzt. Er kann sich nicht sprachlich ausdrücken, er kann nur einzelne Worte sprechen. Und auch die sind so verändert, dass nur sein nahes Umfeld ihn wirklich versteht. Trotzdem konnte man an ihm im Laufe der Jahre beobachten, wie seine Wurzeln im Glauben immer tiefer wurden. Das zeigte sich darin, dass er seine Begeisterung über Gott, über Lobpreis im Gottesdienst mit einem lauten Ruf „Auf!" äußert. Die ganze Gemeinde wird ermutigt durch ihn. Er tut mit dem, was er hat, alles zur Ermutigung des ganzen Leibes Christi.

Wurzeln in Gott zu schlagen kann sich ganz verschieden ausdrücken – wenn ein Obdachloser mit Gottes Hilfe sesshaft wird, ein alter Mensch hingebungsvoll gepflegt wird, wenn ein Geschäftsmann in seinem Umfeld einen ethisch klaren Kurs fährt, wenn eine Schülerin trotz massiven Drucks ihrer Altersgenossen am Glauben unbeirrt festhält, wenn ein Politiker für Gottes Gerechtigkeit einsteht – dann brauchen sie alle tiefe Wurzeln, eine eigene Offenbarung von Gottes Willen für ihre konkrete Lebenssituation.

Und es ist nicht einer mehr wert als der andere – wir Christen tendieren dazu, Pastoren mit großen Gemeinden höher zu achten als Pastoren mit kleinen Gemeinden, und Pastoren und vollzeitliche Mitarbeiter mehr zu achten als normale Werktätige, und Werktätige mehr zu achten als Arbeitslose. Aber damit spiegeln wir nur selber wieder, wie sehr wir in den Wertmaßstäben der Welt denken, dass nämlich mehr immer auch besser ist. Wenn Gott derjenige ist, der sich an unserer Beziehung freut, dann gibt es keine Unterschiede zwischen einem Pastor, der einen Heilungsdienst leitet, und einem Kind, das mit Mamas oder Papas Hilfe sein Nachtgebet spricht. Gott kennt kein Ansehen der Person.

Jeder von uns ist berufen, an dem Ort zu wachsen, wo wir gepflanzt sind. Manche von uns stehen in der prallen Sonne, andere stehen im Schatten. Manche stehen alleine, andere wieder mitten im Wald bei anderen „Bäumen". Jedem von uns wird Gott als der Gärtner begegnen, der uns beim Wachstum hilft – Er gießt, Er düngt, Er bekämpft Schädlinge, Er topft uns bei Bedarf um und Er beschneidet uns, wenn wir das nur zulassen. Alles, was es braucht, ist unsere Entscheidung, Wurzeln zu schlagen in Ihm.

Wenn wir das tun, dann werden von uns Ströme lebendigen Wassers fließen, wie es die Bibel sagt. Oder um im Bild der Bäume zu bleiben: Dann werden andere Zuflucht unter unserem Schatten suchen, sich an unseren Früchten stärken, Vögel werden in unseren Zweigen sitzen und singen.

Gedanken zum Thema Worte der Erkenntnis / Prophetie

Eine zentrale Eigenschaft Gottes ist es, dass Er allwissend ist. Bevor ich einen Gedanken ausspreche, weiß Er bereits, was ich formulieren werde. Prophetie, die Worte der Erkenntnisse, ist vermitteltes Wissen aus der Dimension des allwissenden Gottes an einen Menschen. Auch bei unserem großen Vorbild Jesus finden wir viele Worte der Erkenntnis:

Zu der Frau am Brunnen sagte Jesus in Johannes 4, Vers 17 und 18: „Die Frau antwortete und sprach zu ihm: ‚Ich habe keinen Mann.' Jesus spricht zu ihr: ‚Du hast recht gesagt: Ich habe keinen Mann; denn fünf Männer hast du gehabt, und der, den du jetzt hast, ist nicht dein Mann; hierin hast du wahr geredet.'" Die Samaritern war so aufgewühlt, dass sie in ihre Stadt lief und dort Menschen auf offener Straße ansprach: „Kommt, seht einen Menschen, der mir alles gesagt hat, was ich getan habe! Dieser ist doch nicht etwa der Christus?" (Johannes 4,29).

Jesus wusste auch, dass Petrus, obwohl er die ganze Nacht umsonst gefischt hatte, ein zum Platzen gefülltes Netz haben würde, wenn er gegen alle Vernunft der ehrbaren Fischerzunft noch einmal seine Netze auswerfen würde. Als Petrus dem Wort der Erkenntnis Jesu folgte, waren die Netze zum Zerbersten gefüllt.

Jesus wusste auch, dass Petrus ihn verleugnen würde. Er sagt: „Wahrlich, ich sage dir, dass du heute, in dieser Nacht, ehe der Hahn zweimal kräht, mich dreimal verleugnen wirst" (Markus 14,30). So wie Jesus es angekündigt hatte, geschah es. Prophetien oder Worte der Erkenntnisse sind Mitteilungen des Heiligen Geistes an uns. In einer innigen Verbindung und Anbetung Gottes bahnen sich Seine Gedanken einen Weg in unseren Geist. Durch das Wort der Erkenntnis offenbart Gott zum Beispiel Heilungen, die während eines Gottesdienstes geschehen. Einen Heilungsdienst kann man nicht auf der Basis von reiner Sinneserkenntnis durchführen. Was unsere Sinne vermitteln, ist bestenfalls eine Beobachtung des physischen Ist-Zustandes der Menschen. Wir wissen, dass Ernas arthritisches Bein weh tut und dass Karl uns sagt, er habe ein Magengeschwür. Für die erfolgreiche Durchführung eines Heilungsgottesdienstes brauchen wir die eben beschriebene Offenbarungserkenntnis Gottes. Nur durch Seine prophetischen Offenbarungen können wir erkennen, was Gott für den heutigen Tag geplant hat. In einem Heilungsgottesdienst geschieht dies durch die Offenbarungsgabe, die die Bibel das Wort der Erkenntnis nennt. Wenn Gottes Kraft zur Heilung im Gottesdienst gegenwärtig ist, zeigt mir Gott zum Beispiel durch das Wort der Erkenntnis die Organe, Körperteile und Beschwerden, die er heute heilen möchte. Bereits in dem Moment, wenn ich diese Worte der Erkenntnisse ausspreche, geschehen Heilungen auf den Plätzen, wo die Leute sitzen. Das Wort der Erkenntnis ist ein kraftvoller Kontaktpunkt für den Glauben der betroffenen Kranken.

Das erlebte zum Beispiel eine Frau bei einem Heilungsgottesdienst neulich sehr persönlich. „Hier ist eine Frau, die eine Blasenschwäche hat. In einer Nacht muss sie zwei Mal raus, in der nächsten vier Mal, in der darauffolgenden wieder zwei Mal, und dann wieder vier Mal. Du hast dich gewundert, was dieser Rhythmus soll – er ist ein Zeichen von Gott an dich, dass Er dich persönlich heilen will," sagte ich in einem Heilungsgottesdienst, weil ich das von Gott her so erkannt hatte. Die Frau wusste sofort, dass sie gemeint war – und an ihrer Krankheit hat Gott ihr Seine Liebe deutlich bewiesen. Sicher, mich hat es einiges an Mut gekostet, ein solch genaues Wort der Erkenntnis auszusprechen – aber man kann ja auch das üben, und man wird sensibler für das Reden Gottes.

Bei einem anderen Gottesdienst sah ich, als ich versuchte, Gottes Heilungsabsichten für den Moment zu erfassen, einen Bauch einer Frau vor mir, der einen roten Streifen hatte. Ich wusste auch, dass es keine Gürtelrose war – also sagte ich: „Gott will jetzt gerade eine Frau anrühren, die eine Entzündung am Bauch hat. Das legt sich wie ein dicker roter Reifen um den Bauch bis zum Rücken, aber ich glaube, es ist keine Gürtelrose. Bitte gehe auf die Toilette und prüfe jetzt schon im Gottesdienst nach, ob es besser wird.“ Nach kurzem kam eine Frau nach vorne, sie weinte vor Freude. Sie hatte die Entzündung, die sie bereits mit ärztlicher Unterstützung behandelt hatte. Aber trotz der Salben war es nicht besser geworden. Nun aber konnte sie selber sehen, wie die Pusteln verschwanden. Nach zwei Tagen war die Entzündung vollkommen spurlos verschwunden. Die Gemeinde staunte mit mir über das präzise Reden Gottes.

Aber es ist immer auch ein Risiko, ein solches Wort auszusprechen. Bei einem Heilungsgottesdienst während einer Konferenz in England hatte ich den Eindruck, dass Gott bei einer Person das linke Auge heilen wollte, das aufgrund eines Unfalls schlecht sah – aber keiner meldete sich. Ein peinlicher Moment verstrich. Aber ich entschied mich, erst mal für die vor mir stehenden Heilungssuchenden zu beten. Nach kurzem kam ein Mann in den Saal gestürmt: „Ist das hier die Heilungsveranstaltung? Ich habe euch schon überall gesucht! Ich möchte an meinem linken Auge geheilt werden!“ Ich betete kurz für den Mann. Bob konnte durch einen Unfall auf seinem linken Auge nicht sehen: Ihm war auf einer Baustelle vor mehr als zwanzig Jahren ein Zementsack auf den Kopf gefallen. Dadurch hatte sich sein linkes Auge aus der Höhle gelöst und der Sehnerv war beschädigt worden. Es war ihm unmöglich, zu lesen oder gar in der Ferne zu sehen. Nachdem ich für ihn gebetet hatte, hielt ich ihm meine Bibel unter die Nase: „Kannst du jetzt etwas erkennen, was du vorher nicht sehen konntest?“ Erstaunt sagte er: „Ja, das ist das Buch Jesaja. Und – Moment mal, jetzt kann ich sogar den Text lesen . . .“ Und Bob las vor. Bei einem anschließenden Sehtest stellte sich heraus, dass Bobs Augen besser geworden waren als meine!

Aber nicht nur im Heilungsdienst sind Worte der Erkenntnis auch von großem praktischem Nutzen – genauso können sie es auch in der Kindererziehung oder im Geschäftsleben sein. Wer da weiß, was nur Gott weiß, der hat wirklich einen unschlagbaren Vorteil auf seiner Seite!

Als Fazit bleibt bestehen: Es lohnt sich, auf Gott zu hören und zu hören, was Er in einem bestimmten Moment tun will. Es lohnt sich, durch eine gut gepflegte Beziehung zu Gott zunehmend sensibler zu werden für Sein Reden. Wenn Er redet, dann wird Sein Wort nie ohne Wirkung bleiben. Es heißt zu Recht über Gottes Worte: „Denn er sprach, und es geschah; er gebot, und es stand da“ (Psalm 33,9).

Erkenne, wo dein wirkliches Potenzial liegt

Lebe in der Natur des reifen Geistes.

Die Natur des reifen Geistes sagt:

Ich bin, was Gott sagt, dass ich bin,
Ich kann tun, was Gott sagt, dass ich tun kann.
Ich kann lieben, wenn Gott mir aufträgt zu lieben.
Ich kann haben, wenn Gott sagt, dass ich es haben kann.

Gottes Geist muss im seelischen Bereich durchbrechen (in Wille, Verstand, Gefühl, in den Sinnen). Die fleischliche Natur kann dann die geistliche Natur nicht mehr dominieren. Weil du vom Geist her gestärkt wirst, wächst auch deine Seele – sie wird rund, satt, glücklich, empfindet Frieden. Du besitzt die Kapazität für ein Gottesbewusstsein. Der Segen fließt aus deinem Geist in den Bereich der Seele, von deiner Seele über deinen Körper und weiter in die Welt. Dein Geist muss jeden Tag weiter wachsen.

Der unfaire Vorteil der geistlichen Natur

Erkenne, worin dein wirkliches Potenzial liegt.

Es liegt in der Natur des reifen Geistes.

Im Anschauen Seiner Herrlichkeit werden wir verwandelt in Sein Bild. Unser Erfolgsgeheimnis lautet:

Wir sind in Ihm und Er in uns.

Proklamation

Wir tun die Werke, die Er auch getan hat.
Wir machen da weiter, wo Jesus aufgehört hat.
Denn die gleiche Kraft, die von Ihm ausging, geht jetzt von uns aus.
Wir sind Seine segnenden und heilenden Hände.

Der gleiche Segen, der durch Ihn floss, fließt jetzt durch uns.

Die gleichen Wunder, die Er tat, tut Er jetzt durch uns.

Wir sind Seine Stimme, das Sprachrohr Seiner Liebe.

Die heilenden und befreienden Worte, die Er spricht, spricht Er durch uns.

Wir sind hundertprozentig Botschafter an Christi Statt.

Denn alles, was aus Gott geboren ist, überwindet die Welt.

Nicht mehr länger leben wir, sondern Christus lebt durch uns.

Gebet

In Christus bin ich eine neue Kreatur und habe Teil an Deiner göttlichen Natur.

Jesus, Du und Dein Wort sind eins. Je mehr Dein Wort in mir ist, umso mehr ist von Dir in mir. Dein Wort wohne reichlich in mir.

Scheine durch mich.
Liebe durch mich.
Sprich durch mich
Segne durch mich
Ertrage durch mich
Überwinde durch mich
Verbinde durch mich.
Heile durch mich.

Denn ich bin ein Botschafter an Deiner Statt.

Ich danke Dir, dass Dein Segen durch mich in diese Welt fließt. In Jesu Namen danke ich Dir, Vater, für Deinen wunderbaren Heiligen Geist, der in mir und durch mich wirkt.

Amen.